気持ちを表すことばの辞典

飯間浩明 監修

ツヅキエイミ 絵

252% 絵

ナツメ社

もくじ

第1部 気持ちを表す538のことば

感情のことば

第2部
気持ちを表す555のことば

コラム

〈スタッフ〉
デザイン 林 真（vond°）
校正 株式会社 夢の本棚社
執筆協力 宇田川葉子、鈴木愛、田口純子、野口和恵、深谷佳奈子
編集協力 株式会社 童夢
編集担当 梅津愛美（ナツメ出版企画株式会社）

はじめに

自分の気持ちを言い表す、しかも、相手の心に届くように表現するのはとても難しいことです。効果的な表現のためには、普段からキーワードになることばを蓄えておくことが有効です。

たとえば、仲のいい友だちと旅行に行く約束をしたとしましょう。「旅先ではこういうことをしよう」などと、事前に予定を話し合ったりするかもしれません。それだけでも楽しい気持ちは共有できますが、そこでひとこと「待ち遠しいね」というキーワードを出すと、今の気持ちがよく伝わります。

第三者の気持ちを説明する場合も同じです。Aさんに迷惑をかけたBさんが、非常に反省しています。あなたは、それをAさんにどう説明するでしょうか。「Bさんはとても反省しています」でもいいのですが、「『青菜に塩』というほどしょげ返っています」と言えば、Bさんの様子がよりはっきりと伝わります。

こういったことばは、とっさには出てこないものです。気持ちを表すことばや、気持ちを反映したことばは星の数ほどありますが、その中でも、日常生活で特によく使うことばを、すぐに参照できれば便利です。気軽にぱらぱら眺められる本があればいいな。そんな思いから、この辞典を作りました。

本書には、知っておくと役立つ「気持ちを表すことば」を整理・分類して、意味分野ごとにまとめて示しました。たまたま開いたページを読むだけで、いろいろな発見があるはずです。

収録語は主として現代語ですが、硬い文章語も混ぜました。「唇を反《かえ》す」などという古典にしか使われないことばも、少しは出てきます。未知のことばと出合う機会にもなるでしょう。

私は監修者として、単に名前を貸すだけではなく、説明を分かりやすくしたり、例文を自然にしたりすることに努めました。もし不十分なところがあったら、すべて私の責任です。

２５２％さん、ツヅキエイミさんの可愛らしいイラストによって、絵本のように親しみやすい辞典になりました。のんびりしたひとときを過ごすお供にしていただければ幸いです。

飯間浩明

この本の使い方

⊙第一部は「感情のことば」を中心に、基本となる感情のテーマごとに気持ちを表すことばを紹介しています。第二部では「行動のことば」「体のことば」を中心に、行動に表れる気持ちや体の部位で気持ちを表す慣用句などを紹介しています。

⊙1見開き1テーマで8～10語の「ことば」を紹介しています。それぞれに例文がついているので、微妙なニュアンスも理解できます。さまざまな場面設定があり、イメージも膨らみます。

⊙監修者によるコラムでは、さまざまな角度からことばの魅力や不思議を伝えます。

⊙さくいんは、五十音順のほか、品詞別（名詞・動詞・形容詞・形容動詞・副詞・慣用句・四字熟語）もあります。目的に合わせて使い分けられます。

〈このページのテーマ〉

〈見出し語〉
通常ひらがなで使うものも、漢字表記にしています。

〈イラスト〉
それぞれのテーマに合わせたイラストで、想像力をかきたてます。

〈例文〉
ことばの使い方を示しています。

〈意味〉
ことばの意味を解説しています。

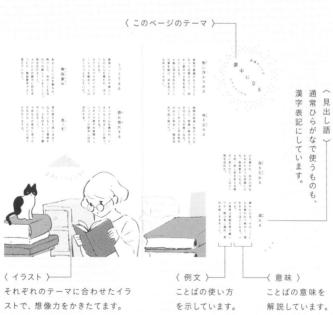

第1部

気持ちを表す538のことば

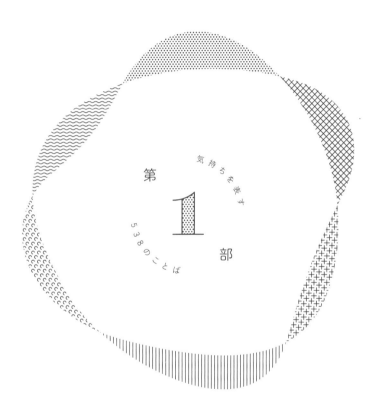

感情のことば

喜ぶ

ヨロコブ

有頂天《うちょうてん》

喜びのあまり夢中になること。得意の絶頂。「有頂天」は、仏教で最上位の天をいう。
＊フォトコンテストに入選したという通知に有頂天になった。

狂喜《きょうき》する

常軌を逸するほど激しく喜ぶ。はたから見て異常なほど喜ぶ。
＊チームの劇的な逆転勝利に、集まったファンは狂喜した。

歓喜《かんき》する

心の底から非常に喜ぶ。「歓」「喜」ともに喜ぶ意味の語を並べたもので、大きな喜びを表す。
＊ドラマのシーズン2が始まると知り、歓喜して躍り上がった。

悦《えつ》に入《い》る

心の中で喜ぶ。また、いい気持ちになって喜ぶ。「悦」は喜び、「入る」はその状態になる意味。
＊第一志望に合格し、自分にしてはよくやったと、悦に入った。

愉悦《ゆえつ》を感《かん》じる

心からの喜びに浸る。喜びや快楽で満悦の状態になる。
＊友人たちに囲まれ、充実したひとときを過ごすことに、愉悦を感じる。

喜《よろこ》び勇《いさ》む

喜びのあまり、勢い込む。うれしくてじっとしていられなくなる。「勇む」は、心が奮い立ち、気力がわくこと。
＊積もった雪に、子どもは喜び勇んで飛び出した。

糠喜《ぬかよろこ》び

当てが外れて、あとでがっくりするような、束の間の喜び。喜びが無駄になること。
＊宝くじに当たったたかと思ったが、見間違いで、ぬか喜びに終わった。

天《てん》にも昇《のぼ》る心地《ここち》

めったにないほどいいことが起こったりして、この上なくうれしい気持ち。
＊恋人にとうとう結婚を承諾してもらい、天にも昇る心地になった。

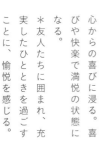

感情のことば

怒る（小）

オコル

いらいらする

思うようにならなくて焦り、神経が高ぶる。気がせいて、じれったくなる。「いら」はとげのこと。

＊この忙しい時に、なかなか担当者がつかまらず、いらいらする。

むっとする

嫌なことを言われたりして、怒りや不機嫌さを感じる。また、その気持ちを一瞬表情に出す。

＊友人の無神経な発言にむっとしたが、その場での反論は控えた。

頬《ほお》を膨《ふく》らます

口を閉じて頬をぷくっと膨らませる。不平や不満、不承知などの気持ちを、少しの甘えとともに示すときの表情。

＊何が気に食わないのか、子どもは頬を膨らました。

癪《しゃく》に障《さわ》る

不愉快で腹が立ち、いらいらする。「癪」は昔の病気、またそれによる痛みのこと。

＊若者を見下すような評論家の態度が癪に障った。

癇《かん》に障《さわ》る

気に入らず、腹が立つ。「癇」は、いら立ちやすい神経。その神経が刺激されるという意味。

＊主役の俳優はとても味があるが、あの声だけは癇に障る。

かちんと来《く》る

他人の言葉が自分の感情を刺激して、不愉快になる。「かちん」はかたい物がぶつかる音。「癇に障る」と使い方が似る。

＊医師の不用意な発言に、患者はかちんと来た。

ぷんすかする

怒っている。怒る意味の「ぷん」に、調子を整える「すか」をつけた。軽い怒りや不満をユーモラスに表現する言葉。

＊姉は朝からやたらにぷんすかしている。

憮《ぶ》然《ぜん》とする

むっと不機嫌になる。本来は、がっかりして何もできなくなる場合、また、意外なことに驚き呆然とする場合に使った。

＊教師は反論されて憮然とした面持ちになった。

感情のことば

怒る（中）

オコル

立腹《りっぷく》する

腹を立てる。怒る。多く、文章や改まった場面で使う表現。

＊ご立腹になるのも、ごもっともです。重々お詫び申し上げます。

青筋《あおすじ》を立《た》てる

ひどく興奮したり、怒ったりする。「青筋」は静脈。こめかみの静脈が浮き出るほど興奮する意味。

＊古くさい意見に反論すると、父は青筋を立てて怒鳴った。

かっかする

怒りで逆上する、のぼせ上がる。「かっか」は、火が盛んに燃える様子で、激しい怒りをたとえる。

＊学生時代からの癖で、勝負事になると、すぐにかっかしてしまう。

ぷりぷりする

怒って不機嫌になり、物の言い方までつっけんどんになる。

＊都合がつかないと言ったら、友人はぷりぷりして、そっぽを向いた。

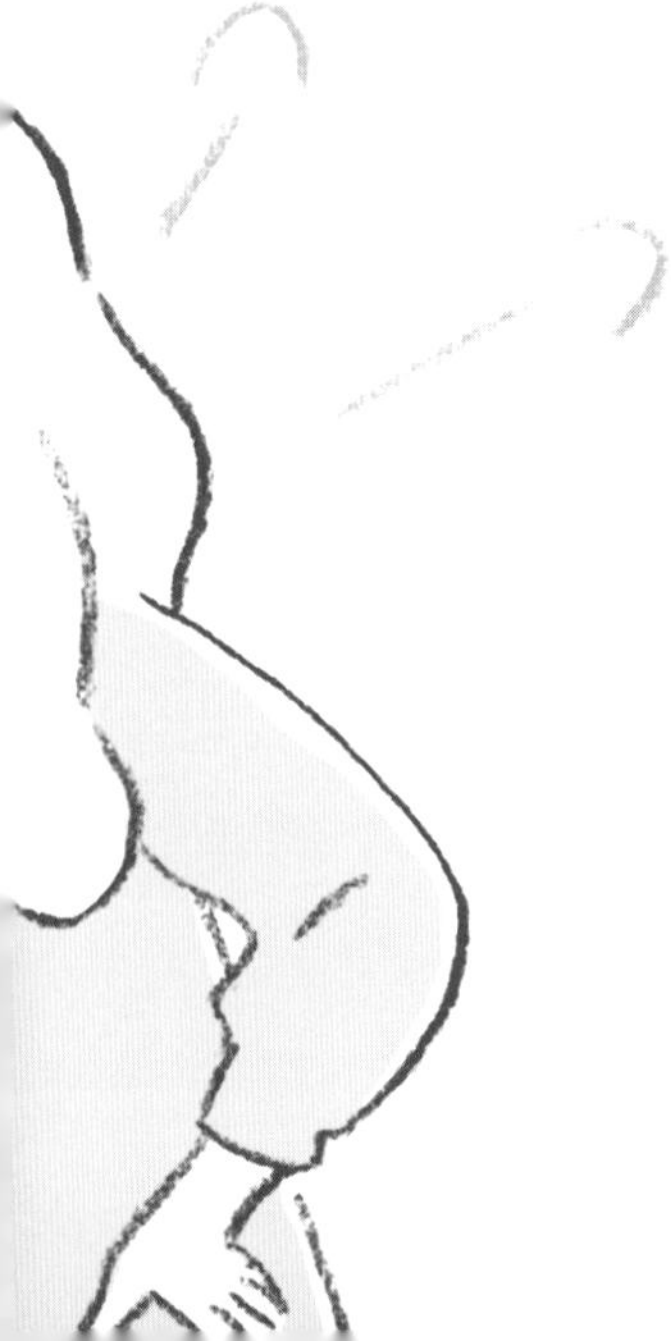

憤《いきどお》る

激しく怒る。また、不満な気持ちをもつ。怒りや恨みの気持ちで胸がいっぱいになる。
＊経営の危機に何の手も打たない会社に対して、社員たちは憤っている。

業《ごう》を煮《に》やす

腹が立っていらいらする。思うようにいかず、いら立つ。「業」は仏教で行いや心の動きを指す言葉。
＊進まない交渉に業を煮やしたCEOは、新しい担当者を送り込んだ。

腹《はら》の虫《むし》が治《おさ》まらない

腹が立って我慢できない。腹の中にいる虫が怒りの感情の元と考えられた。
＊謝罪文と誓約書を書いてもらわないと、腹の虫が治まらない。

湯気《ゆげ》を立《た》てる

湯が盛んに沸いている状態にたとえて、非常に怒っている様子をいう。「頭から湯気を立てる」と使うことが多い。
＊大事な鉢を割られ、母は湯気を立てて怒った。

感情のことば

怒る（大）

オコル

怒《いか》り狂《くる》う

普通の程度を超えて激しく怒る。怒りのあまり、暴れるなどの行動に出ることも多い。

＊大統領の圧政に国民は怒り狂い、ついに暴動に発展した。

怒《いか》り心頭《しんとう》に発《はっ》する

心の底から激しく怒る。「心頭」は心のこと。心の中に怒りの感情が起こるという意味。

＊患者代表は、怒り心頭に発した様子で、医療ミスを批判した。

憤慨《ふんがい》する

ひどく腹を立てる。怒りつつ嘆く。多く、不正・侮辱などに対して怒る場合に使う。

＊あまりにも不公平な契約を結ばされ、下請業者は憤慨した。

剣幕《けんまく》を見《み》せる

「剣幕」は、怒った荒々しい顔つきや態度。「激しい剣幕を見せる」など、上に語句をつけて使う。

＊騒ぎを聞きつけ、大家さんがひどい剣幕を見せてやって来た。

鬼《おに》の形相《ぎょうそう》になる

怒りのあまり、鬼のような恐ろしい顔つきになる。必死な様子や真剣な様子にも使う。

＊店主は、鬼の形相になって万引き犯を追いかけて行った。

腸《はらわた》が煮《に》え返《かえ》る

どうにも我慢ができないほどの激しい怒りを覚える。「腸が煮えくり返る」ともいう。

＊失敗をみなこちらのせいにされ、はらわたが煮え返る思いだ。

憤怒《ふんぬ》に燃《も》える

「憤怒」は、憎しみや怒りのこもった激しい感情。憤怒が炎のように広がるという形容。
＊侮辱された武士は、憤怒に燃えた目で、一同をにらみつけた。

熱《いき》り立《た》つ

激しい怒りで興奮する。また、先に立って争おうとする。「いきる」は熱くなるという意味。
＊役所ぐるみの隠蔽の事実が判明し、記者たちはいきり立った。

感情のことば

悲しい

カナシイ

物悲《ものがな》しい

なんとなく悲しい。はっきりと理由がある訳ではないが、気持ちが沈む。「もの」は接頭語で、「なんとなく」の意味。
＊晩秋の夕暮れは、とりわけもの悲しい気がする。

うら悲《がな》しい

なんとなく悲しい。「うら」は接頭語で、「心」のこと。そこから「なんとなく」の意味が派生した。
＊どこからか、うら悲しいバイオリンの曲が聞こえてきた。

悲嘆《ひたん》に暮《く》れる

ひどく嘆き悲しむ。悲しくて嘆く以外のことができない様子をいう。
＊事故の様子を聞き、集まった家族たちは涙を流し悲嘆に暮れた。

嘆《なげ》かわしい

嘆きたくなるほど情けない。悲しく残念だと、批評的に言う表現。
＊業績悪化が止まらず、この先どうなることか、まことに嘆かわしい。

しんみり

心が静かになって、落ち着く様子。また、物さびしい気持ちになる様子。
＊旧来の友人と二人きりで、しんみりと酒を酌み交わした。

悲痛《ひつう》

悲しみで心が痛み苦しむ様子。また、その気持ちが動作に表れた様子。
＊過酷な労働に携わる人たちの悲痛な叫びが、世の中を動かした。

しめやか

落ち着いて物静かな様子。ひっそりと静か。また、しみじみと悲しく感じられる様子。
＊小雨のなか、通夜がしめやかに行われた。

沈痛《ちんつう》

強い悲しみを感じる様子。悲しみに深く沈み、胸を痛める様子。
＊校長先生は全校生徒を前に、沈痛な表情でイベントの中止を告げた。

感情のことば

楽しい《タノシイ》

謳歌《おうか》する

幸せな時代や境遇を思う存分楽しむ。もとは、声をそろえて歌ったり、ほめたたえたりする意味。

＊社会の汚れに染まらず、青春を謳歌している若者たちがうらやましい。

満喫《まんきつ》する

楽しい気分を十分に味わう。もとは、満足するまで十分に飲み食いをするという意味。

＊久しぶりに有給休暇を取り、自由気ままな一人旅を満喫した。

歓楽《かんらく》を尽《つ》くす

思う存分に楽しむ。「歓楽」は喜び。飲酒や遊びなど、欲望を満たす楽しみを表すことも多い。

＊親しい友とうまい酒、まさに歓楽を尽くした一夜だった。

和気靄々《わきあいあい》

とても打ち解けて、和やかで楽しい気分が満ちている様子。
＊両家初顔合わせの食事会は、和気靄々とした雰囲気で進んだ。

享楽《きょうらく》

思いのままに、楽しみにふけること。快楽にふけって存分に味わうこと。
＊無頼派と呼ばれた彼は、ひたすら享楽のみを追い続けた作家といえる。

快楽《かいらく》

心地よく、楽しいこと。また、官能を刺激されて、体全体で感じる気持ちよさのこと。
＊前途に絶望した私は、快楽にふけり、家族を捨て、人生を誤った。

極楽《ごくらく》

仏教の極楽浄土のこと。転じて、安楽で心配も苦しみもない境遇や場所をいう。
＊旅先で最高のもてなしを受け、この世の極楽を味わった。

愉快《ゆかい》

楽しくて気分がいい様子。おもしろくて心がうきうきする様子。
＊陽気で愉快なバンドメンバーが、息の合った演奏をくり広げた。

感情のことば

怖い・恐い

コワイ〈1〉

怖《こわ》がる

怖い、恐ろしいと思う。怖いと思う気持ちを態度に表す。
＊まだ幼かった弟は、暗いところをとても怖がっていた。

冷《ひ》や汗《あせ》をかく

恥ずかしさや恐ろしさで、はらはらする。どうなることかと焦る。「冷や汗」は、緊張したときなどに出る汗。
＊電車が遅れ、遅刻するかと冷や汗をかいた。

戦《おのの》く

恐怖や不安、寒さなどで、体や手足がぶるぶると震える。わななく。
＊銃声が静まったあとも、市民たちはしばらく恐怖におののいていた。

冷《ひ》や冷《ひ》やする

どうなるか心配で気をもむ。恐ろしい気持ちになる。また、肌に冷たさが感じられる。
＊ひどく細い車道で、自動車が側溝に落ちないかとひやひやした。

畏怖《いふ》する

恐れおののく。神など、このうえなく偉大なものに対して、おそれ多さと恐怖を感じる。

＊台風に自然の猛威を見せつけられ、私は畏怖するしかなかった。

怖気《おじけ》づく

急に怖くなる。怖い気持ちが起こり、ひるむ。尻込みする。

＊彼女の実家を訪問し、門を入る直前で怖気づいてしまった。

震慄《しんりつ》する

恐怖で震え上がる。恐れおののく。戦慄する。文学的な表現。

＊路上に倒れ込み、血を流している女性を見て、手足が震慄した。

鬼《き》気《き》迫《せま》る

不気味で恐ろしい気配が近づいてくる。迫力やすごみがあるという意味でも使う。

＊自分の死期を悟ってからの画家の作品には、鬼気迫るものがあった。

感情のことば

怖い・恐い

コワイ〈2〉

肝《きも》を冷《ひ》やす

驚きや恐れを感じて、ひやりとする。危ない目にあってぞっとする。
＊エスカレーターから危うく転げ落ちそうになり、肝を冷やした。

生《い》きた心地《ここち》もしない

大変危険な状況にあい、自分が生きている実感がもてないほど、恐ろしい。死ぬかと思われる。
＊激しい揺れに、生きた心地もしなかった。

ぞくぞくする

恐ろしさや寒さでぞっとする。震えるほど動揺する。うれしくてわくわくする様子にも使う。
＊真夜中、まったく人気《ひとけ》のない村の様子に、背筋がぞくぞくした。

戦々兢々《せんせんきょうきょう》

悪いことが起こりそうで、びくびくとおびえている様子。「兢」はつつしむ、恐れるという意味。「戦々恐々」とも書く。
＊生徒たちは戦々兢々として処分の決定を待った。

恐《おそ》れる

恐ろしく思う。相手の力にかなわないと思い、怖くなる。悪いことが起こりそうで心配する。
＊準備は万全だ。何も恐れることはない。

ぞっとする

恐ろしさや寒さで、震え上がりそうな気持ちになる。体の毛が逆立つほど恐ろしい。
＊危険な欠陥商品が十年も放置されてきたことにはぞっとする。

薄《う》気《す》味《き》悪《みわる》い

なんとなく気味が悪い。どことなく恐ろしい。「薄」は程度が少ない、なんとなくの意味。
＊今は使われなくなった古く薄気味悪いトンネルに入って行った。

怖々《こわごわ》

怖い怖いと思いながら、行動する様子。多く、「こわごわ」と仮名で書く。
＊遠巻きに見ていた子どもたちが、こわごわと近づいてきた。

感情のことば

寂しい・淋しい

サビシイ（サミシイ）

しょんぼりする

元気がなく、さびしそうにする。しおれた様子になる。消沈する。

＊肩を落とし、しょんぼりした母の後ろ姿は、まるで別人のようだった。

人恋《ひとこい》しい

孤独を感じ、誰かに会いたい、町行く人々でもいいから眺めていたいという気持ちになる。

＊芸術家は孤独を愛しながらも、ときどき無性に人恋しくなった。

寂寞《せきばく》

ひっそりと静まり、さびしい様子。心が満たされずにさびしい様子。「じゃくまく」とも読む。

＊冬枯れの湖畔《こはん》には、ただ寂寞たる風景が広がっているだけだった。

侘《わ》びしい

頼る人がいなくて心細く、さびしい。さびれて活気がない。みすぼらしい。

＊休日でも訪ねてくる人一人いない、侘びしい一人暮らしだ。

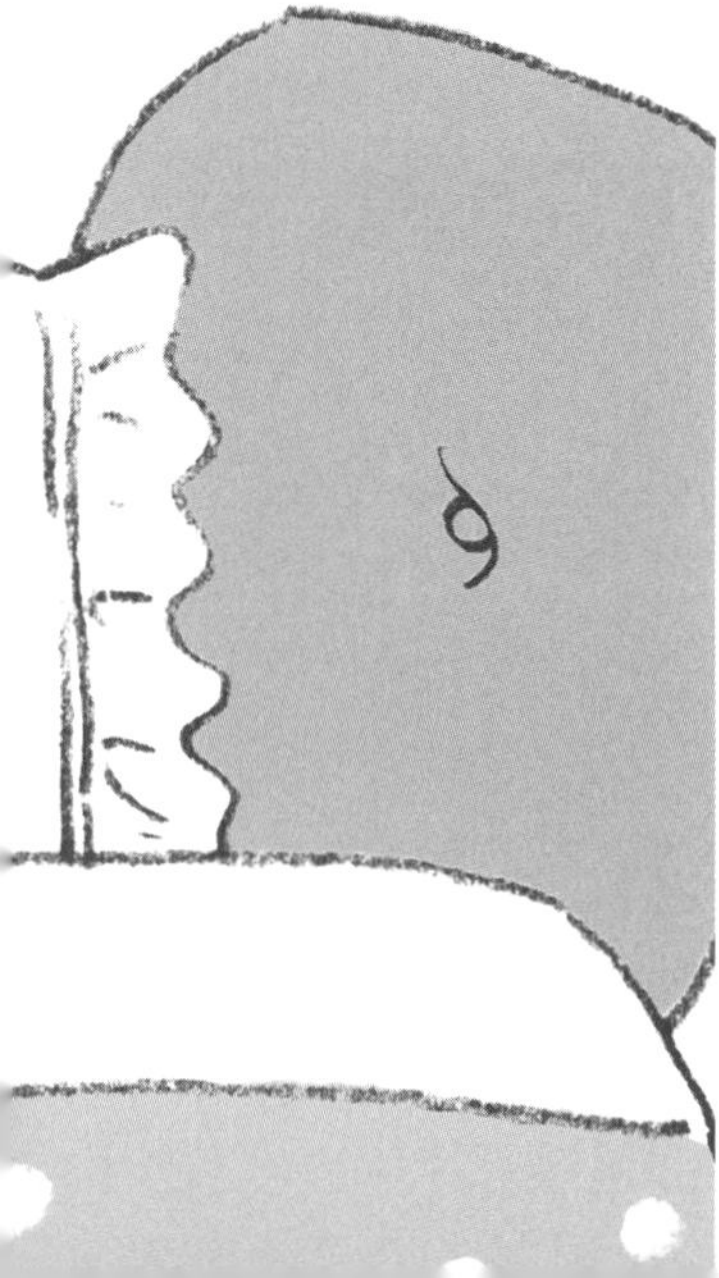

膝《ひざ》を抱《かか》える

自分の膝を抱え込む。一人でさびしくしていたり、悩み考え込んだりしている様子をいう。

＊恋人が部屋を出て行くと、僕はそのまま、いつまでも膝を抱えていた。

旅愁《りょしゅう》

旅先で感じる物悲しい、わびしい気持ち。旅の憂い。「客愁」ともいう。

＊素晴らしく美しい紅葉も、かえって旅愁をかきたてるのだった。

哀愁《あいしゅう》

物悲しさ。なんとなく心に入り込んでくる、さびしく悲しい気持ち。

＊映画のラストにふさわしい、哀愁に満ちたメロディーが流れた。

独《ひと》りぼっち

頼る人などが誰もいなくて、独りであること。孤立していること。

＊多くの人に囲まれてはいたが、彼はいつも独りぼっちだと感じていた。

感情のことば

恥ずかしい

ハズカシイ

汗顔《かんがん》の至《いた》り

顔いっぱいに汗をかくほど恥ずかしい。心底から恥ずかしく、申し訳ない。また、ほめられたときの謙遜にも使う。
＊大変なご迷惑をおかけし、汗顔の至りです。

消《き》え入《い》りたい

消えて、この場からいなくなりたいほど恥ずかしい。身の置き所がない。
＊大事なお客様の前で大失態をしでかし、消え入りたい気持ちだ。

穴《あな》があったら入《はい》りたい

穴に隠れてしまいたいほど、恥ずかしい。人前に出られないほど、恥じ入るという形容。
＊勘違いから友人を非難してしまい、穴があったら入りたい気持ちだ。

顔《かお》向《む》けができない

恥ずかしくて、人と顔を合わせられない。面目がない。

＊またも不合格となり、応援してくれている親に顔向けができない。

忸怩《じくじ》たる思《おも》い

自分の行いなどをひどく恥ずかしく思うこと。「忸怩」は恥ずかしい思いがわき上がることをいう。

＊弊社の昔の不祥事を思い返すと、今でも忸怩たる思いがぬぐえない。

身《み》の置《お》き所《どころ》がない

その場にいられないほど、恥ずかしく、申し訳ない気持ちになる。いたたまれない。

＊チームのメンバーから託された責任を果たせず、身の置き所がない。

慙愧《ざんき》に堪《た》えない

自分の過ちを、おおいに反省し恥じ入る様子。「慙愧」は仏教からきた言葉で、自らを恥じ、そのことを人に告げる意味。

＊恩師の苦境に長く気づかず、慙愧に堪えない。

決《き》まりが悪《わる》い

なんとなく恥ずかしい。照れくさい。ばつが悪く、隠れたい気持ちである。

＊窓口で大声で名前を呼ばれてしまい、なんともきまりが悪かった。

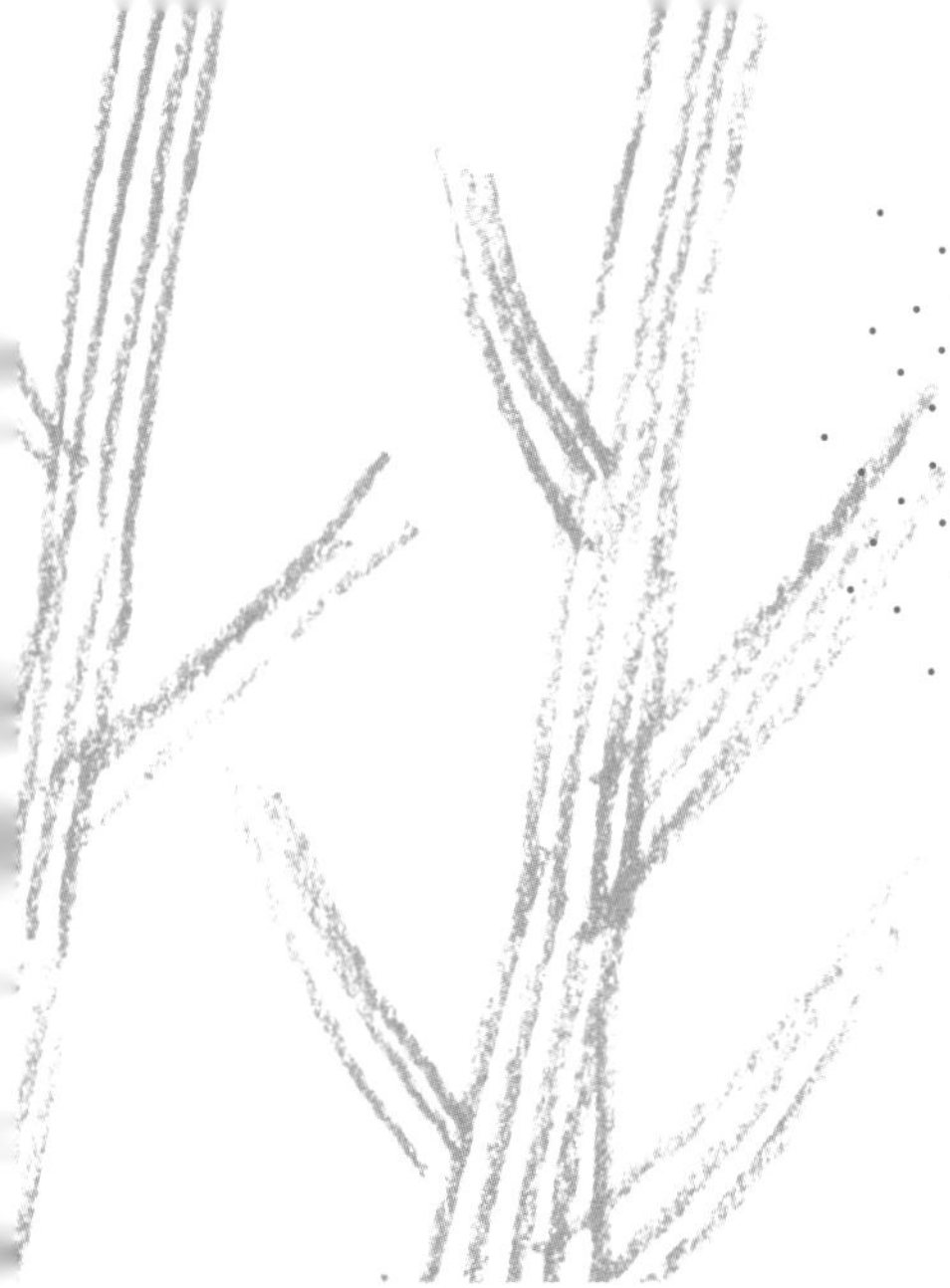

感情のことば

照れる

テレル

面《おも》映《は》ゆい

きまりが悪い。「映ゆい」はまぶしいの意味。相手の顔を見るのがまぶしく感じられるということ。
＊自分の作文が優秀賞に選ばれ、面映ゆい思いがした。

はにかむ

恥ずかしがる。恥ずかしい気持ちを表情に出す。微笑んだり、下を向いたり、目をそらしたりする。
＊お客さんに挨拶された少女は、はにかんで母親の背中に隠れた。

照《て》れくさい

きまりが悪く、恥ずかしい。照れてしまうような気持ちである。
＊注目を浴びながら、大勢の人の前で話すのは、照れくさい。

頬《ほお》を染《そ》める

恥ずかしさで顔を赤らめる。頬をほんのり赤くする。赤面する。
＊拍手に包まれて頬を染めた新人歌手が、とても可愛らしい。

目《め》を伏《ふ》せる

恥ずかしさ、やましさなどのために、顔を上げず視線を下に向ける。
＊金を返す当てはあるのかと問われて、男は心苦しそうに目を伏せた。

もじもじする

恥ずかしがったり、ためらったりして、落ち着かない動きをする。
＊何か言いたいことがあるのか、夫はさっきからもじもじしている。

気《き》恥《は》ずかしい

自分の気持ちとして、なんだか恥ずかしい。きまりが悪い。照れくさい。
＊小さな親切を大げさにほめられて、気恥ずかしい気持ちになった。

擽《くすぐ》ったい

くすぐられて、むずむずする。また、ほめられて、照れくさく、なんとなく恥ずかしい。
＊偶然できた曲が意外に好評で、なんだかくすぐったい思いがする。

感情のことば

恋する

コイスル

恋《こい》しい

今すぐ会いたい、近づきたいという気持ちで、どうしようもなく切ない。懐かしい。

＊焼けるような思いに突き動かされ、恋しい人に長い手紙を書いた。

焦《こ》がれる

苦しいほど思い慕う。切ないほど思いを寄せて、悩む。「恋い焦がれる」の形でも使う。

＊詩人は恋人への焦がれる思いを、千を超える作品として結実させた。

慕《した》う

恋しく、会いたいと思う。心の中で追い求める。古くは、離れがたくてあとを追う意味もあった。

＊親を慕う子どもの気持ちは、どこの国でも同じものだろう。

惚《ほ》れる

人を好きになる。夢中になり、心を奪われる。また、ひどく感心する。

＊昔からよく言われるとおりで、惚れたほうが負けだとわかった。

思慕《しぼ》

恋しく思うこと。思い慕う気持ち。懐かしく思うこと。

＊年月を経て、思慕の情は、薄れるどころかますます深まった。

恋慕《れんぼ》

人をいちずに恋い慕う。そばに行きたいと強く思う。他人の恋人などに恋慕するのは「横恋慕」。

＊恋慕の思いが募り、無我夢中で列車に飛び乗って、後を追いかけた。

ぞっこん

心底から夢中になっている様子。多くの場合、「〜にぞっこんだ」の形で使う。
＊娘は恋人にぞっこんで、親の言うことなどまるで聞かない。

見初《みそ》める

もとは初めて見る、初めて会うという意味。そこから、初めて会ったとたんに恋することをいう。
＊その人を見初めたのは新年会で、和服がとてもよく似合っていた。

感情のことば

夢中になる

ムチュウニナル

我《われ》を忘《わす》れる

心を奪われ、自分の存在も忘れたような状態になる。無我夢中になる。
＊刻一刻と姿を変える朝日に見とれて、しばらく我を忘れた。

溺《おぼ》れる

夢中になる。そのことに心を奪われて熱中し、理性を失うほどになる。ふける。
＊長男は旅館を受け継いだが、賭け事に溺れ、身代を根こそぎ失った。

熱《ねつ》に浮《う》かされる

高熱で意識がもうろうとなった状態のように、何かに夢中で正気を失ったようになる。
＊熱に浮かされたように仕事を続け、何を言っても休んでくれない。

時《とき》を忘《わす》れる

時間の経過に気がつかないほど、物事に熱中する。そのような状態になる。
＊二十年ぶりに学生時代の友人と再会し、時を忘れて話し続けた。

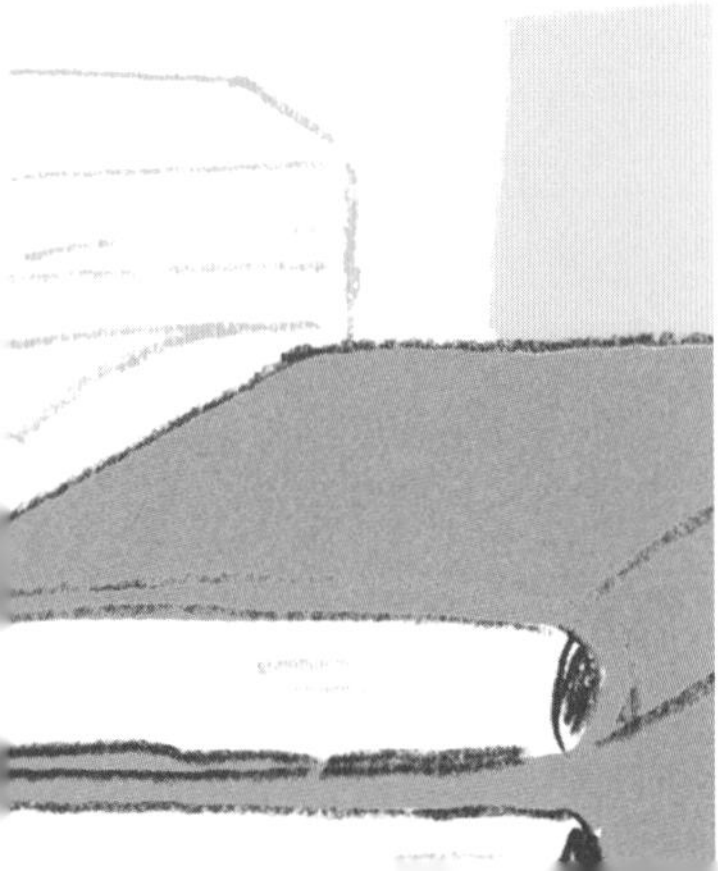

うっとりする

素晴らしいものや美しいものに心を奪われ、ぼうっとする。
＊クリスマスのイルミネーションを眺めて、しばらくうっとりしていた。

惚《ほ》れ惚《ぼ》れする

すっかり心を奪われ、たまらなく好ましいと思う。うっとりする。
＊オペラ歌手の素晴らしいソプラノの歌声にほれぼれする。

無《む》我《が》夢《む》中《ちゅう》

あることに心を奪われ、熱中して、他のことを忘れて行動してしまうこと。我を忘れること。
＊けんかの最中に何を言ったか、無我夢中でよく覚えていない。

首《くび》っ丈《たけ》

首の高さまで深くはまり込んでいるという意味から、人を好きになって夢中になること。
＊あなたが彼女に首ったけなのは、はたから見てもわかりますよ。

感情のことば

好き

スキ

愛慕《あいぼ》

人を深く愛すること。その面影を慕って、懐かしく思うこと。
＊卒業を祝う短いメッセージに、さりげない愛慕の情をにじませた。

気《き》に入《い》る

自分の好みに合う。いいと思う。好きになる。「気」は、物事への思い、感情のこと。
＊鮮やかな赤い車体がひと目で気に入り、この車に決めた。

愛《いと》しい

どうしようもないほど、可愛い。恋しくてたまらない。いとおしい。
＊すやすやと眠る子どもの寝顔が、たまらなく愛しい。

愛着《あいちゃく》がある

物に心が引かれ、離れがたく思う。愛情を感じて執着する。
＊この勉強机には愛着があって、古くなっても捨てることができない。

好《この》ましい

自分の好みに合う。望むところにかなった状態だ。また、好感がもてる。
＊何日も探したかいがあり、好ましい条件の部屋が見つかった。

好感《こうかん》をもつ

人や物事に対して、よい感情をもつ。相手を好ましく感じる。
＊雑貨店の店員さんの笑顔と、はきはきとした対応に好感をもった。

好《す》き好《この》む

好きを強調した言い方。大変好きである。「好き好んで〜ない」の形で使うことが多い。
＊苦労性と言われるが、何も好き好んで苦労している訳ではない。

憎《にく》からず思《おも》う

憎いとは思わないということから、むしろ好きである、いとしく思う、という意味を表す。
＊新任の二人は、どうやらお互いを憎からず思っているようだ。

感情のことば

熱中する

ネッチュウスル

寝食《しんしょく》を忘《わす》れる

寝ることも食べることも忘れるほど、一心に物事に取り組む。

＊この秋は寝食を忘れて、論文の最後の仕上げに打ち込んでいた。

燃《も》え上《あ》がる

炎が高く上がって燃えることから、興奮などで感情が高まることをいう。勢いが強くなる。

＊ライバルが出現したことから、恋心が一気に燃え上がった。

没頭《ぼっとう》する

一つのことに熱中する。そのこと以外のすべてを忘れて、一心に行う。

＊チーム一丸となって、新製品の研究開発に没頭する毎日だ。

入《い》れ込《こ》む

人や物など、特定の対象に夢中になる。一心に集中する。

＊退職後に入れ込んだのが、よりにもよってアイドルとは驚いた。

熱《ねつ》を上《あ》げる

体が熱くなるほど、全力で物事に打ち込む。熱中して、のぼせ上がる。

＊姉は、今年になってから韓国のテレビドラマに熱を上げている。

熱狂《ねっきょう》する

ひどく興奮し、夢中になる。普通とは思えないほど熱中する。

＊ライブ会場には、熱狂した聴衆の悲鳴のような声が響き渡っていた。

没我《ぼつが》

あることに一心に打ち込み、我を忘れること。物事に夢中になること。また、無私無欲の心持ちになること。

＊絵を描くときは、いつも没我の境地に入る。

蔗境《しゃきょう》

しだいにおもしろくなること。佳境。蔗はサトウキビ。上の部分から食べて、下に行くにしたがっておいしくなるから。

＊読書が蔗境に入ったところで邪魔をされた。

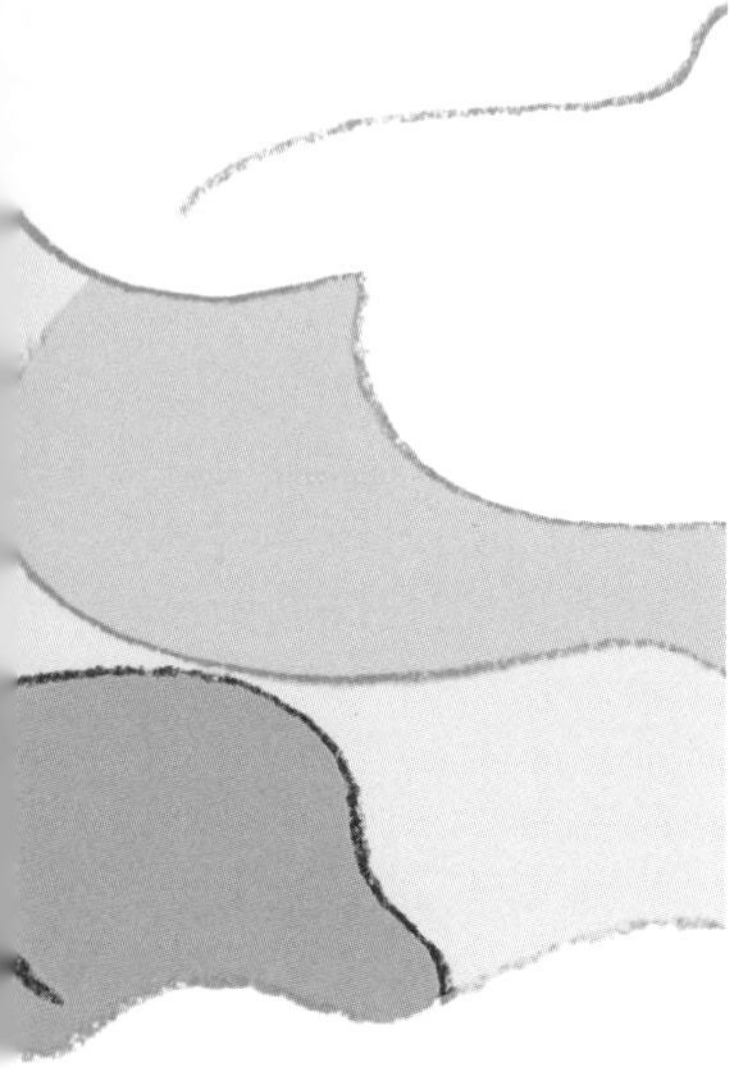

感情のことば

疲れる

ツカレル

草臥《くたび》れる

体を動かしすぎて疲れる。体や心が疲れ、元気がなくなる。また、物が古くなって傷む。
＊運動不足のせいで、少し歩くだけで、ひどくくたびれる。

疲弊《ひへい》する

心も体も疲れて、弱り切る。くたくたの状態になる。また、経済状態がすっかり悪くなる。
＊納期が厳しい仕事に、社員全員が疲弊している。

かったるい

疲れて、だるい。体や気持ちが重く感じられて、動かす気にならない。また、気分がのらない。
＊この暑さで、何をするのもかったるく、毎日を無駄に過ごしている。

へたばる

疲れて動けなくなる。へとへとになる。弱って気力がなくなる。
＊マラソン終盤の山登りにかかると、へたばる選手が出始めた。

へこたれる

だめだと思い、気力がなくなる。辛さのあまり、途中で意志がくじける。へたばる。
＊チャンスを一回逃したくらいで、へこたれる私ではない。

精《せい》も根《こん》も尽《つ》きる

精力も根気もなくなってしまう。力をすべて使い切り、何の余力もなくなる。「精も根も尽き果てる」とも。
＊受験勉強が続き、この一年で精も根も尽きた。

顎《あご》を出《だ》す

ひどくくたびれる。疲れ切る。疲れると腰が引け、顎が前に出るようになることからいう。
＊部活の特訓のあまりの厳しさに、たった一週間で顎を出してしまった。

へとへと

ひどく疲れた様子。くたびれ切って、体に力が入らない様子。
＊散歩が長すぎたらしく、老犬はへとへとになっていた。

感情のことば

悩む

ナヤム

悩《なや》ましい

悩むことがあって苦しい。考えてもうまくいかず、重苦しい気持ちになる。
＊働きやすさを選ぶか、キャリアアップを選ぶか、悩ましいところだ。

煩悶《はんもん》

いろいろと悩み、思いわずらうこと。道筋が見えず、もだえ苦しむこと。
＊恋人の本当の気持ちを測りかねて、煩悶の一夜を過ごした。

煩《わずら》わしい

対処が面倒で、気が重い。うっとうしくてうるさい。また、物事などが込み入ってややこしい。
＊煩わしい人間関係を断ち、希望に燃えて新天地に旅立った。

難儀《なんぎ》する

苦労する。苦しみ悩む。辛い経験をする。処理をするのが難しく、面倒である。
＊何かと指示の細かいクライアントに、ひどく難儀しているところだ。

懊悩《おうのう》する

心の奥で思い悩み、苦しみもだえる。煩悶する。
＊若い頃はすべてのことに行き詰まり、懊悩する日々が続いた。

気《き》に病《や》む

ささいなことを心配して悩む。あれこれと考えてはくよくよする。
＊先のことは誰にもわからないのだから、気に病んでもしかたがない。

思《おも》い詰《つ》める

一心に深く思う。あることをひたすらに思い、悩み苦しむ。また、深く考えて決心する。
＊気にするなよと声をかけたが、ひどく思い詰めた様子の青年が心配だ。

物思《ものおも》いにふける

深く考え込んでぼんやりする。時間も忘れて、とりとめもなく考える。物思いに沈む。
＊脇役での演技が光る俳優は、物思いにふける風情が絵になる。

感情のことば

心配になる

シンパイニナル

気《き》も漫《そぞ》ろ

なんとなく気持ちが浮き立ち、そわそわする様子。何かに心を引かれて、落ち着かない様子。
＊憧れの先輩と電車で一緒になり、気もそぞろで話もできなかった。

気《き》に掛《か》かる

なんとなく心配である。なんとなく気になって、落ち着かなくなる。
＊しばらく会っていない友人のことが気に掛かかっている。

気《き》が気《き》でない

心配や不安で落ち着いていられない。何かが気になってしかたがない。
＊約束の期日を過ぎても先方から連絡がないので気が気でなかった。

憂惧《ゆうぐ》する

悪いことが起こるのではないかと心配し、恐れる。「憂虞」とも書く。
＊勝利に浮かれる味方のなかで、軍師はこの先の戦況を憂惧していた。

懸念《けねん》する

気にかかって不安に思う。心配して心が落ち着かない。気がかりである。
＊気象災害の多発により、公共施設の安全性を懸念する声が高まっている。

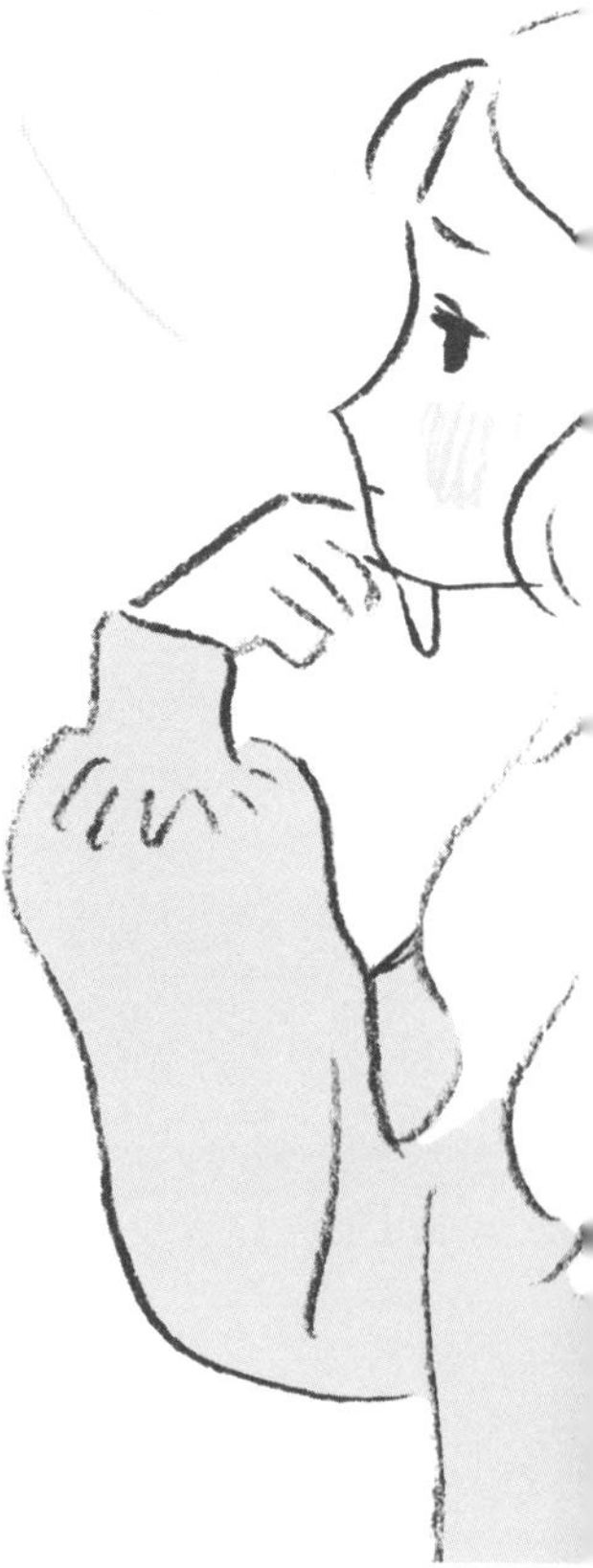

憂慮《ゆうりょ》する

心配して、どうなることだろうかと考える。懸念する。思いわずらう。
＊A国の治安情勢は悪化し、まことに憂慮すべき状況に至った。

憂《うれ》える

よくないことにならないかと心配し、思い悩む。また、そうなることを嘆き悲しむ。
＊子どもたちの育つ環境が、今後悪化していくのではないかと憂えている。

気《き》を揉《も》む

あれこれと考えて心配する。成り行きが気になり、落ち着かない。やきもきする。
＊文学賞の選考会議の結果がわかるまで、気を揉む毎日だ。

感情のことば

不安になる

フアンニナル

胸騒《むなさわ》ぎがする

悪い予感がし、不安で胸がどきどきする。心配で落ち着かない。心が穏やかでない。
＊便りがないのはよい便りというが、胸騒ぎがしてどうしようもない。

はらはらする

心配や不安で気をもむ。どうなるか、なりゆきをしきりに心配する。
＊息子の緊張が遠目にもわかり、失敗しないかとはらはらした。

危《あや》ぶむ

危険だと思う。不安で心配に思う。また、うまくいかないのではないかと、不安に思う。
＊予算も人員も不足しており、このままでは計画の実現が危ぶまれる。

案《あん》ずる

心配する。人の身の上などを気遣う。あれこれと考えをめぐらせる。いろいろと工夫をする。
＊社外プレゼンの準備は万全で、本番も案ずることはない。

空恐《そらおそ》ろしい

言いようのない不安があって恐ろしい。「そら」は、捉えどころがないという意味を表す。
＊事業が中止になれば、損失の額は考えただけでもそら恐ろしい。

心許《こころもと》ない

うまくいくかどうか、確信がもてず、不安で落ち着かない。頼りなくて、安心できない。
＊先輩社員たちは何をやらせても危なっかしく、心許ない。

心細《こころぼそ》い

頼るものがなくて不安な気持ちである。なんとなくさびしい。
＊新しいクラスには知った顔もなく、一人だけでは心細い。

心《こころ》を痛《いた》める

どうすればよいか、心を悩ませる。悲しい気持ちになる。良心がとがめる。申し訳なく思う。
＊放置されたペットたちのニュースを見て、行く末に心を痛めた。

感情のことば

安心する

アンシンスル

ほっとする

張り詰めていた気持ちが解けて安心する。心が安らぐ。心配事がなくなり、一息つく。

＊入院後二週間で、ようやく退院のめどが立ち、ほっとした。

気《き》が休《やす》まる

気持ちが落ち着く。心が平静になる。安らかな気分になる。

＊仕事も家のことも、何もかもばたばたして、気が休まる暇がない。

安《やす》らぐ

心が安らかな状態になる。穏やかで落ち着いた気持ちになる。

＊その男子と話していると、とても気持ちが安らぐことに気づいた。

心強《こころづよ》い

頼れるものがあり、安心していられる。気持ちを強くもてる。心丈夫だ。

＊彼は手強いライバルの一人だが、味方となればとても心強い。

心丈夫《こころじょうぶ》

頼れるものがあり、安心していられる様子。不安や心配がない様子。心強い様子。
＊君がいつも見守ってくれると思うだけで、本当に心丈夫だ。

安堵《あんど》する

心配事がなくなり、安心する。気がかりなことがなくなる。もとは、堵（垣根）の中の土地で安心して暮らす意味。
＊雪山で遭難した人々の生還の報道に安堵した。

枕《まくら》を高《たか》くして寝《ね》る

気にかかることが何もなく、安心して寝る。また、心配事から解放されて、すっかり安心する。
＊汚職の追及を逃れた代議士は、今ごろ枕を高くして寝ているだろう。

気《き》が緩《ゆる》む

心の緊張が解ける。緊張感がなくなる。気持ちの張りがなくなる。
＊娘が社会人となり、これで子育ても一段落と気が緩んだ。

感情のことば

苦しい

クルシイ

悶《もだ》える

ひどく思い悩む。気を失いそうになるほどに苦しむ。悲しみや苦しみのあまり、体をよじる。
＊自分の納得の行く小説が書けず、苦しみに悶える日々だった。

身悶《みもだ》える

苦しさやいら立ちなどのあまりに、体をよじるように動かす。もがき苦しむ。もだえる。
＊夜中、寝ていた時、突然襲ってきた激痛に身悶えた。

悶々《もんもん》

あれこれと悩み、苦しむ様子。心配して心が晴れない様子。
＊どうしてあんなことを言ってしまったのかと、悶々と夜を過ごした。

憂苦《ゆうく》

憂え苦しむこと。心配して気に病むこと。思い悩んで苦しむこと。
＊懐かしい友と酒を酌み交わし、しばしの間、すべての憂苦を忘れた。

苦悩《くのう》する

苦しみ悩む。精神的な苦しみによって、悩みもだえる。懊悩《おうのう》する。
＊思うように進まない研究に、苦悩する日々を送っている。

艱難《かんなん》

人生で出合う苦しみや悩み。困難に出合って、苦しみ、悩むこと。また、その様子。
＊創業者は幾多の艱難を乗り越えて、後の成功をおさめた。

思《おも》い煩《わずら》う

あれこれと考えて悩み苦しむ。どうにもできないことを考え込み、苦しむ。
＊先のことを思い煩うよりも、今日一日を悔いなく過ごすことが大事だ。

苦痛《くつう》

生理的な不調や精神的な悩みなど、体や心が傷ついたときに感じる苦しみや痛み。
＊幕府からの迫害の苦痛に耐えかね、棄教した信者も多いという。

ひもじい

大変お腹が減っている。ひどく空腹で、食べ物が欲しい。
＊一度ひもじい思いをすれば、働けるありがたみがわかるはずだ。

感情のことば

辛い

ツライ

憂《う》き目《め》を見《み》る

辛い目にあう。心を悩ますような出来事に出合う。「〜の憂き目を見る」の形で使うことも多い。
＊実力が発揮できず、不合格の憂き目を見た。

身《み》を切《き》られる

痛みを感じるほど、ひどく辛い。苦しみや寒さがひどく体にこたえる。
＊思い出のある大切な着物を処分するのは、身を切られる思いだ。

掻《か》き毟《むし》られる

辛さや悲しみなどで、強く感情が揺さぶられる。「掻き毟る」は傷がつくほど強く掻くこと。
＊B国の悲惨な飢餓を目の当たりにし、胸を掻き毟られる思いがした。

腸《はらわた》を抉《えぐ》られる

非常に苦しく悲しい。「抉る」は、刃物などを突き刺し、かき回す意味。
＊恋人との別れは、まさにはらわたをえぐられるような出来事だった。

断腸《だんちょう》の思《おも》い

非常に辛く悲しい様子。腸がちぎれるほど、ひどく悲しく辛いこと。耐え難い悲しみ。

＊不景気のため、断腸の思いで店を閉める決断をした。

痩《や》せる思《おも》い

体がやせ細るほどの辛く苦しい思い。恋や悲しみなどのために、やつれるような気持ち。

＊逃がしてしまった文鳥の行方がわからず、心配で痩せる思いだった。

焼《や》け爛《ただ》れる思《おも》い

心が焼かれてくずれるかのような、激しい感情のこと。ひどい辛さや悲しみの気持ち。

＊地獄のような戦火をくぐり抜け、焼けただれる思いで生きてきた。

見《み》るに忍《しの》びない

あまりに気の毒だったり、ひどい状態だったりして、見ているのが辛い。痛ましくて見ていられない。

＊家族同然の大切なペットを亡くした彼の姿は見るに忍びない。

感情のことば

切ない

セツナイ

きゅんきゅん

感情が高ぶり、胸が苦しくなったような状態。感動や切なさで胸がいっぱいになる様子。また、かわいさを感じる様子。
＊思わずきゅんきゅんするワンちゃんの映画。

遣《や》る瀬《せ》無《な》い

心中の思いを晴らす方法がなく、切ない。気持ちの持って行き場がない。どうしようもない。
＊友人に手ひどく裏切られ、やるせない思いだ。

胸《むね》が締《し》めつけられる

悲しみや不安で胸が圧迫されたように苦しくなる。心臓をギューッとつかまれた気持ちがする。
＊震災の遺構を見ると、胸が締めつけられる思いがする。

名《な》残《ご》り惜《お》しい

過ぎ去っていくものや人に心が引かれ、別れが辛い。心残りである。
＊同窓会の途中で、彼女は名残り惜しそうに挨拶をして帰って行った。

遣《や》り切《き》れない

気持ちがおさまらない。我慢できない。また、やり遂げることができない。
＊自分の気持ちが子どもに伝わらず、やりきれない気持ちになった。

COLUMN 1

気持ちを表す単語の探し方

自分の気持ちを、ひとつの単語で表したいと考えたとします。その単語はどうやって探せばいいでしょうか。私なら、形から攻めていきます。

気持ちを表す単語というと、まずは「面白い」「うれしい」「悔しい」など、「〜い」のつくことばを挙げる人が多いでしょう。「〜い」で終わるのは「形容詞」です。中学校で習いますね。「つまらない」「すまない」など、否定の「ない」で終わる場合も形容詞に含めていいでしょう。形容詞は気持ちを表すのが得意です。

それから、「好きだ」「不安だ」「満足だ」のように、「〜だ」で終わることばもあります。これらは「形容動詞」といいます。形容動詞は「〜だ」でも終わるし、「好きな」のように「〜な」の形にもなるのが特徴です。働きは形容詞と非常によく似ています。それで、外国人などに教える場合は、「〜い」になることばを「イ形容詞」、「〜な」になることばを「ナ形容詞」と説明することもあります。

さらに、「動詞」でも気持ちを表すことができます。動詞は「歩く」「食べる」「落ちる」のように動きを表すのが特徴ですが、気持ちも表します。「あきれる」「驚く」「困る」「嫌になる」など。また、擬態語を使って「はらはらする」「むっとする」「ジーンとなる」などの言い方もできます。

一言で気持ちを表すには、まず形容詞で考え、それから形容動詞、動詞と考えていくと簡単です。そばに辞書がないときに有効な方法です。

感情のことば

満足する

マンゾクスル

会《かい》心《しん》

心にかなうこと。気に入ること。「会心の笑み」は、事が思い通りに運んだときの笑い。
＊自己ベストを更新する会心の走りができた。

満《み》ち足《た》りる

足りないところ、不安に思うところなどがなく、これでいい、とゆったりした気持ちになる。
＊長い間、夫婦は満ち足りた生活を送っていた。

ほくほく

うれしさのあまり顔がほころんでいる様子。また、そのような気持ちでいる様子。
＊男は町で大もうけをして、ほくほくだった。

満悦《まんえつ》

満足して喜ぶこと。尊敬やからかいの気持ちでも使う。「満悦至極」は、非常に満悦する様子。
＊主演の俳優は、割れんばかりの拍手を受けてご満悦の様子だ。

悦楽《えつらく》

気持ちがよくなって、満足する感覚。心だけでなく、体が受ける快感についていう。
＊旧友と時を忘れて語り続け、悦楽の時を過ごした。

気《き》が済《す》む

やり残したことがなくなって落ち着く。気持ちがおさまって満足する。
＊どうしても歌手になりたいのなら、気が済むまで挑戦するがいい。

充実《じゅうじつ》する

中身がいっぱい入っている。心にも体にも力が満ちあふれる。
＊この春に上京した息子は、充実した学生生活を送っているようだ。

御《おん》の字《じ》

思った以上で、ありがたいこと。「御」の字をつけたいほど、とても満足すること。
＊物置にあったこの壺は、まあ一万円で売れれば御の字だ。

感情のことば

焦る《アセル》

焦燥《しょうそう》する

いらいらする。焦る。焦っていら立つ。「焦躁」とも書く。
＊同世代の他の作家が活躍する様子を見て、私は焦燥していた。

やきもきする

物事が思い通りに進まず、気をもんで、いら立つ。物事がこの先どうなるか、気をもむ。
＊なかなか店の利益が上がらず、やきもきしながら、半年が過ぎた。

間怠《まだる》っこい

物事に手間取って遅い。じれったい。「まどろっこしい」ともいう。
＊相手に思うように気持ちを伝えることができず、とてもまだるっこい。

逸《はや》る

興奮した状態で、物事に対して立ち向かおうと張り切る。待ちきれない気持ちで勇み立つ。
＊逸る気持ちを抑えつつ、ふだんのペースを守って走った。

気《き》が揉《も》める

どうなるかと心配する。気になって落ち着かない。やきもきする。
＊合格発表を見に行った息子がなかなか帰らず、ひどく気が揉める。

気《き》忙《ぜわ》しい

心がせわしい。気分がざわざわして落ち着かない。また、気が短い。性格に落ち着きがない。
＊妻の出産予定日が近づくにつれ、しだいに毎日が気忙しくなった。

気《き》が急《せ》く

物事を早く行いたくていらいらする。気持ちがはやる。気が焦る。
＊娘は気が急いていたようで、母に行き先も告げずに出ていった。

もどかしい

なかなか自分の思うような結果にならなくて、歯がゆく、じれったい。隔《かっ》靴《か》搔《そう》痒《よう》だ。
＊後輩の仕事を見ると、自分ならもっとうまくやれるのにと、もどかしい。

感情のことば

疑う

ウタガウ

胡散臭《うさんくさ》い

どことなく疑わしい。なんとなく怪しい。油断ができない。「胡散」は怪しい、疑わしいこと。
＊財産を受け継いだ私のもとに、うさん臭い連中が集まり始めた。

怪《あや》しい

なんだか信用できない。疑わしい。得体が知れない。不気味である。何か事情がありそうだ。
＊有名な占い師だそうだが、それにしては怪しいことばかり言う。

訝《いぶか》しい

物事の状況がよくわからずに気にかかる。不審に思われる。疑わしい。
＊生徒が見知らぬ大人と歩いているのを見て、教師はいぶかしく思った。

疑念《ぎねん》を抱《いだ》く

疑いの心をもつ。本当にそうだろうかと、信用できない気持ちをもつ。疑念を生ずる。
＊証人のおびえきった態度が、裁判員たちに疑念を抱かせた。

疑惑《ぎわく》

悪いことをしているのではないかと疑うこと。怪しいと考えること。
＊市議らは見返りに多額の現金を受け取ったのではないかという疑惑がもたれている。

半信半疑《はんしんはんぎ》

半分は信じているが、半分は疑っている状態。うそか本当か、判断に迷う様子。
＊こんな商品が本当に売れるのか、社員たちは半信半疑だった。

疑心暗鬼《ぎしんあんき》

疑いの心をもつあまり、何でもないことまで怪しく見えることをいう。「疑心暗鬼を生ず」を略した言葉。
＊株価が暴落し、人々は疑心暗鬼に陥っている。

猜疑《さいぎ》の念《ねん》

人のことが信用できず、何か企んでいるのではないかとしつこく疑う気持ち。猜疑心。
＊藩主は家臣が自分を裏切るのではないかと、猜疑の念を抱いた。

胡乱《うろん》

正体が怪しく疑わしい様子。また、真実かどうかを疑っている様子。
＊ああいう胡乱な連中が、人々から胡乱な目で見られるのは当然だ。

首《くび》を傾《かし》げる

不思議だ、納得できないという思いから首を斜め横に曲げる。疑問に思う。不審に思う。
＊楽な仕事で大金が稼げるという友人の説明に僕は首を傾げた。

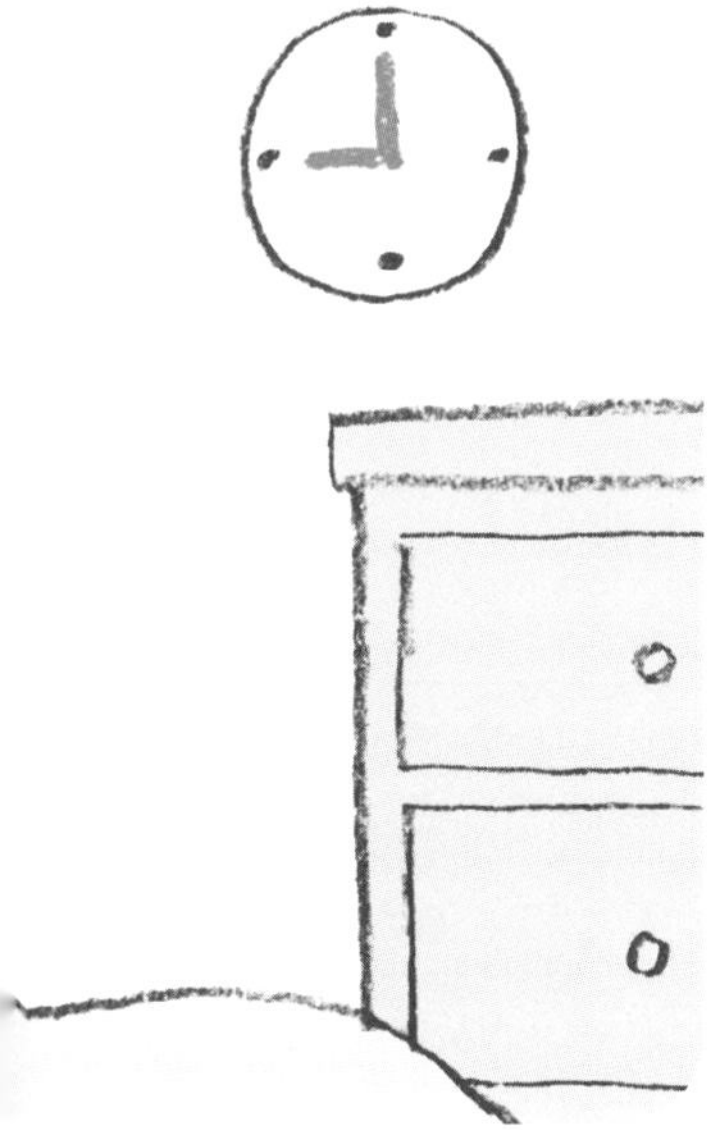

感情のことば

驚く

オドロク〈1〉

はっとする

思いがけない出来事に、目が覚めたようになる。急に気づいたり思い当たったりする。
＊別人のように成長した孫の姿を見て、老人ははっとした。

押《お》っ魂消《たまげ》る

俗に、ひどく驚く。「たまげる」は、魂が消えるほど驚くことを表す。「押っ」は強調。通常は全体を仮名書きにする。
＊夜中に突然サイレンの音を聞いておったまげた。

ぎょっとする

突然、予期しない物事に遭遇して驚きや恐怖を感じ、緊張する。
＊海外旅行先で自分の名前を呼ばれて、思わずぎょっとした。

肝《きも》を潰《つぶ》す

突然の出来事や予想外のことに非常に驚く。「肝」は精神、気力の意味。
＊校舎から火の手が上がっているのを見て、肝を潰した。

度肝《どぎも》を抜《ぬ》かれる

非常に驚かされる。度肝は「肝」を強めた言い方。古い言い方では「肝を取られる」とも。
＊ライバルを次々と抜き去っていく選手の走りには度肝を抜かれた。

驚異《きょうい》

常識では考えられないような驚くべきこと。また、驚き怪しむこと。
＊愛好家が十年間毎日ラーメンを食べ続け、驚異の新記録を打ち立てた。

衝撃《しょうげき》を受《う》ける

心を激しく打つような刺激を受ける。物に突き当たって激しく打つ。
＊人気絶頂のアイドルが引退を宣言したことに、ファンは衝撃を受けた。

雷《かみなり》に打《う》たれる

強い驚きや感動などを受ける。「雷に打たれたよう」という形で使われることが多い。
＊巨大な金の鉱脈を発見した山師は、雷に打たれたように震えた。

驚く

オドロク〈2〉

目玉《めだま》が飛《と》び出《で》る

びっくりしたりして、目を大きく見開くことのたとえ。値段が高くて驚く場合や、ひどく叱られる場合などに使う。
＊その腕時計は目玉が飛び出るほど高かった。

腰《こし》が抜《ぬ》ける

腰の関節が外れたり、腰に力がなくなったりして立てなくなる。転じて、驚きや恐怖で立ち上がる力がなくなる。
＊夜道で叫び声を聞いて、思わず腰が抜けた。

愕然《がくぜん》とする

とんでもない事態に出合って、ひどく驚く。驚愕する。
＊帰宅すると部屋の中が荒らされていて、あまりのことに愕然とした。

驚嘆《きょうたん》する

素晴らしい出来事や、思いも及ばない物事に接して、心から驚く。また、ひどく感心する。
＊小学生たちが描いた大人顔負けの素晴らしい絵画を見て驚嘆した。

唖然《あぜん》とする

思いもよらないことに、驚きあきれて言葉が出なくなる。開いた口がふさがらなくなる。
＊ベンチにいた女性が立ち上がって歌い出したので、周囲は唖然とした。

びっくり仰天《ぎょうてん》

「仰天」は驚いて天を仰ぐこと。非常に驚くという意味。
＊昔の友人の外見があまりに変わっていたので、びっくり仰天した。

圧倒《あっとう》される

他とは段違いの力を見せつけられて、何も言えなくなる。また、大きな力の前に、すっかり降参させられる。
＊強豪校の練習風景を見て、圧倒された。

寿命《じゅみょう》が縮《ちぢ》まる思《おも》い

命が縮むかと思われるくらいに、恐怖や驚きでいっぱいになること。
＊友人が事故にあったと聞き、寿命が縮まる思いがした。

感情のことば

呆れる

アキレル

ぽかんとする

口や目を、ぽんやりと開けたままにする。意外なことに出合って、間の抜けた様子をする形容。

＊知らない国の言葉で急に話しかけられて、ぽかんとした。

呆気《あっけ》にとられる

思いもかけないことに出合ってあきれる。また、どうしてよいかわからずにぼんやりする。

＊駅のホームで傍若無人にふるまう若者たちを見て呆気にとられていた。

呆《あき》れ返《かえ》る

途方もないことに出合って、非常に驚く。はなはだしくあきれる。

＊うそをついても平気な顔をしているわが子に、すっかり呆れ返った。

呆然《ぼうぜん》とする

気抜けして何も考えられず、ぼんやりする。あっけにとられる。
＊少年の私は焼け野原となった町を見て、呆然としていた。

しょうもない

俗に、どうしようもない。ばかばかしい。「仕様もない」が変化した言葉。
＊親が大学に行かせようと思ってるのに、息子がまったく勉強しないんだからしょうもない。

狐《きつね》につままれたよう

意外なことが起こって何が何だかわからず、ぼんやりする様子。
＊手品師がハトを花束に変えるのを、狐につままれたように見ていた。

性懲《しょうこ》りもなく

過去に痛い目にあっても懲りることなく、同じ行いをくり返す様子。
＊この前わなにかかったイノシシが性懲りもなく、畑の作物を食べに来た。

きょとんとする

事の意外さに事態が理解できず、驚き、困惑して目を見開く様子。
＊飛び乗った電車が、逆方向に走り出したので、一瞬きょとんとした。

感情のことば

緊張する

キンチョウスル

引《ひ》き締《し》まる

強く締まる。心が緊張する。すきやゆるみがなくなる。

＊名人と呼ばれる人から彩色の指導を受けて、職人たちは身の引き締まる思いがした。

ぴりぴりする

気持ちや雰囲気が異常に緊張して、反応しやすくなった様子。

＊失点が続き、ぴりぴりしたムードがチーム内に漂い始めた。

張《は》り詰《つ》める

布などがぴんと張られるように、気持ちが十分に張る。緊張する。

＊母の姿を見つけると、張り詰めていた気持ちがゆるんで涙が出た。

気《き》を張《は》る

気持ちを強くもつ。気持ちを引き締める。「気張る」ともいう。

＊年末は稼ぎ時とあって、店主は気を張っているように見える。

固唾《かたず》を呑《の》む

「固唾」は緊張しているときなどにたまるつば。事の成り行きを緊張して見守る形容。
＊国の命運をかけた外交交渉を、報道陣は固唾を呑んで見守っていた。

身《み》の縮《ちぢ》む思《おも》い

緊張や申し訳なさなどで、体が小さくなったように感じること。
＊お客様から値札の間違いを指摘されて、身の縮む思いがした。

表情《ひょうじょう》を強張《こわば》らせる

緊張や恐怖などで、表情をかたくする。「強張る」は、柔らかいものがかたくなる意味。
＊男が近づいてくると、若いカウボーイは表情を強張らせた。

箍《たが》を締《し》める

たるんだ気持ちを引き締める。「箍」は、おけやたるの外側を締める輪。
＊長期休暇のあとは気が緩みがちなので、たがを締めたほうがよい。

感情のことば

興奮する

コウフンスル

こみ上《あ》げる

激しい感情、涙などがわき上がってきて胸がいっぱいになる。こらえきれずにあふれ出る。
＊苦労して育てた娘が嫁ぐことになり、さすがにこみ上げるものがある。

猛《たけ》り立《た》つ

ひどく興奮して気が立つ。猛獣などが声高くほえる。
＊議論を進めるうちに相手は猛り立ち、席を蹴って出ていった。

逸《はや》り立《た》つ

興奮したり、焦ったりして心が勇み立つ。じっとしていられず、勢い込む。
＊昇進が決まった日、逸り立つ心を抑えて、家路を急いだ。

高揚《こうよう》する

物事に刺激を受けて、精神や気持ち、気分などが高まる。
＊映画館から帰ったあとも、気持ちが高揚してなかなか寝付けなかった。

感情《かんじょう》を高《たか》ぶらせる

思わず大声を出しそうなほど、気持ちが高ぶった状態になる。
＊その紳士は痛いところをつかれ、いつになく感情を高ぶらせた。

血《ち》が逆流《ぎゃくりゅう》する

激しい怒りを感じる。「頭に血が上る」「逆上する」ともいう。
＊さんざん世話をしてきた弟子に無礼な態度をとられて、血が逆流した。

血《ち》を沸《わ》き立《た》たせる

まるで体中の血が沸騰したように、感情が高ぶった状態になる。
＊父からの厳しい叱責は、逆に彼の血を沸き立たせることになった。

冷静《れいせい》さを失《うしな》う

思いがけない物事にあわてて、混乱する。また、そのために正常な判断ができなくなる。
＊訃報を聞いた彼女は冷静さを失い、身支度もせずに家を飛び出した。

感情のことば

期待する

キタイスル

待《ま》ち望《のぞ》む

早くその時や状態にならないかと、そればかり思いながら時を過ごす。
＊中年にさしかかった夫婦に、待ち望んでいた子どもが生まれた。

ときめく

感情が高ぶって胸がどきどきする。時代に合って人気が出る意味の「時めく」は別語源。
＊そうそうたる著名人たちを取材することになり、胸がときめいた。

幸先《さいさき》がいい

何かを行うとき、最初にいいことが起こる様子。「幸先」はめでたいことの起こるしるし。
＊開店初日はたくさんの客が訪れ、商売は幸先のいいスタートを切った。

わくわくする

これから起こると思われるよいことを想像して期待をふくらませる。
＊三十年ぶりの同窓会に参加することになり、わくわくする。

待望《たいぼう》する

その時が到来したり、人が現れたりすることを、当てにして待つ。
＊社員たちは会社を改革する指導力のあるリーダーを待望した。

待《ま》ち遠《どお》しい

物事を待ちきれず、早く来るようにと願わずにいられない。
＊孫が訪ねてくる予定なので、夏休みが待ち遠しくてならない。

浮《う》き浮《う》きする

楽しくて心がはずむ。うれしさのあまり落ち着いていられなくなる。
＊久しぶりの海外旅行なので、出発の何日も前からうきうきしていた。

指《ゆび》折《お》り数《かぞ》える

指を一本一本折り曲げて数える。特に、物事を待ちきれず、あと何日か数える意味で用いる。
＊憧れだった高校に入学する日を、指折り数えて待った。

心《こころ》が騒《さわ》ぎ立《た》つ

心が興奮してじっとしていられなくなる。「騒ぎ立つ」は、騒いで穏やかでなくなる意味。
＊自分の街が世界大会の会場になると聞いて、心が騒ぎ立った。

渇望《かつぼう》する

のどが渇き、水が欲しくてたまらないように、心から望む。
＊主人公は、生き別れになった父親との再会を渇望していた。

感情のことば

失望する

シツボウスル

落胆《らくたん》する

期待が外れたり、希望通りにならなかったりしてがっかりする。
＊合格を確信していたオーディションに通らず、ひどく落胆した。

気《き》を落《お》とす

悲しいことや、うまくいかないことがあって、気持ちが沈む。
＊祖父は親しい友人が亡くなって、がっくり気を落としている。

暗然《あんぜん》

悲しみ、絶望などで心が暗くふさぐ様子。先のことを悲観する様子。
＊仕事が見つからず、今後のことを思うと暗然とした気持ちになる。

肩《かた》を落《お》とす

がっかりして、肩の力が抜ける。落胆する。
＊高校生活最後の試合で逆転負けし、三年生は肩を落とした。

目《め》の前《まえ》が暗《くら》くなる

めまいがして何も見えなくなる。また、希望が絶たれて、どうしてよいかわからなくなる。
＊病気を告げられ、目の前が暗くなったときもあったが、くじけなかった。

絶望《ぜつぼう》する

希望をまったく失う。いいことがありそうだという気持ちをなくす。
＊家族にも、たった一人の友人にも見放され、彼は絶望した。

暗澹《あんたん》

暗くてぼんやりした様子。特に、気分が暗く沈んでいる様子。どんより。見通しが悪く、将来に希望が見えず不安な感じ。
＊事業の今後を考えると、暗澹たる気持ちになる。

失意《しつい》に沈《しず》む

希望をなくし、浮き上がれない状態になる。暗い気持ちのままで長い時間を過ごす。
＊新しく書いた小説がさっぱり売れず、すっかり失意に沈んでいた。

感情のことば

嫌い

キライ

気《き》に入《い》らない

物事に満足して良しとすることができず、受け入れられない。
＊頼み事があるときにだけ連絡をよこすところが気に入らない。

毛《け》嫌《ぎら》い

特別な理由もなく、感情的に嫌うこと。鳥や動物が、相手の毛並みによって好き嫌いをすることから生まれた言葉。
＊新しい言葉をそう毛嫌いするものではない。

虫《むし》が好《す》かない

なんとなく好きになれない。自分の気持ちとは別に体内にいる虫が嫌うという意味から生まれた言葉。
＊人望の厚い同期だったが、私はどうも虫が好かなかった。

反吐《へど》が出《で》る

とても不快な気持ちになる。気分が悪くなる。「反吐」は、食べ物を吐きもどしたもの。

＊コメンテーターの偏見に満ちた物言いには、反吐が出る。

いけ好《す》かない

他人の性質や態度が好みに合わず、嫌いだ。非常に気に食わない。ひどく嫌な感じがする。

＊いけ好かない客に対してにこやかに接するのは、とても疲れる。

嫌気《いやけ》が差《さ》す

嫌だと思う気持ちになる。嫌になる。嫌気は「いやき」とも読む。

＊若い頃、会社勤めに嫌気が差して、あっさりと辞職してしまった。

疎《うと》ましい

近くにいるだけでうっとうしくなり、遠ざけておきたい。また、異様で恐ろしい。

＊母の悪口しか言わない祖母は、幼い私にも疎ましい存在だった。

愛想《あいそ》が尽《つ》きる

相手の行いにがっかりし、好意や信頼がもてなくなる。「愛想を尽かす」ともいう。

＊真面目に働かず借金をくり返す夫に、妻は愛想を尽かして出て行った。

感情のことば

憎い

ニクイ

嫌悪《けんお》する

憎み嫌う。激しく嫌う。強い不快感をもつ。嫌厭《けんえん》する。
＊住民たちは、選挙のたびに不正が行われる風潮を嫌悪していた。

憎悪《ぞうお》する

ひどく憎む。憎み嫌う。激しく嫌う。
＊被告は、自分にひどい仕打ちをした社会を憎悪していたという。

小憎《こにく》らしい

なんとなく憎らしくて、癇《かん》に障る感じがする。憎いと思う気持ちを起こさせる様子だ。
＊子どもなのに大人をとんちでやり込めるとは、小憎らしい坊さんだ。

憎々《にくにく》しい

いかにも憎いと思う気持ちを起こさせる様子だ。
＊あの飲んだくれは周囲に迷惑をかけ、勝手なことばかり言うので、憎々しいことこの上ない。

面憎《つらにく》い

顔を見るだけでも憎らしく、不快な気持ちになる様子だ。古風な言葉。
＊口ではうまいことを言って、浮気ばかりする情夫のことが面憎い。

悪感情《あくかんじょう》を抱《いだ》く

人や物に対して悪い印象が生まれ、嫌う。「悪感情をもつ」「悪感情が胸に湧く」などともいう。
＊いばった面接官に対して、学生たちはみな悪感情を抱いた。

厭《いと》わしい

不愉快で、嫌だ。嫌で耐えられない。わずらわしい。

＊田舎育ちの母は、人が多い都会での生活が厭わしかったようだ。

不倶戴天《ふぐたいてん》

「倶《とも》には天を戴《いただ》かず」ともいう。一緒に同じ天の下で過ごすことができないほど、強い恨みや憎しみがあること。

＊猫とネズミは不倶戴天の敵同士という関係だ。

感情のことば

恨む

ウラム

怨恨《えんこん》

恨むこと。深い恨みの心。相手の仕打ちに対して、憎んだり、不満を感じたりする気持ち。

＊犯行は当初、怨恨によるものと考えられたが、結局事故と断定された。

根《ね》に持《も》つ

いつまでも恨みに思って忘れないでいる。過去にされたことを忘れず、恨み続ける。

＊父は子どものときに祖父から受けた仕打ちを生涯根に持っていた。

遺恨《いこん》

忘れがたい深い恨み。ずっと残る恨み。また、残念に思うこと。

＊かつて屈辱的な負け方をしたチームに快勝し、見事に遺恨を晴らした。

毒々《どくどく》しい

毒がふくまれているような、悪意が感じられる様子である。また、色などがきつい印象である。

＊言い負かされた男は、毒々しい捨て台詞を吐いて去っていった。

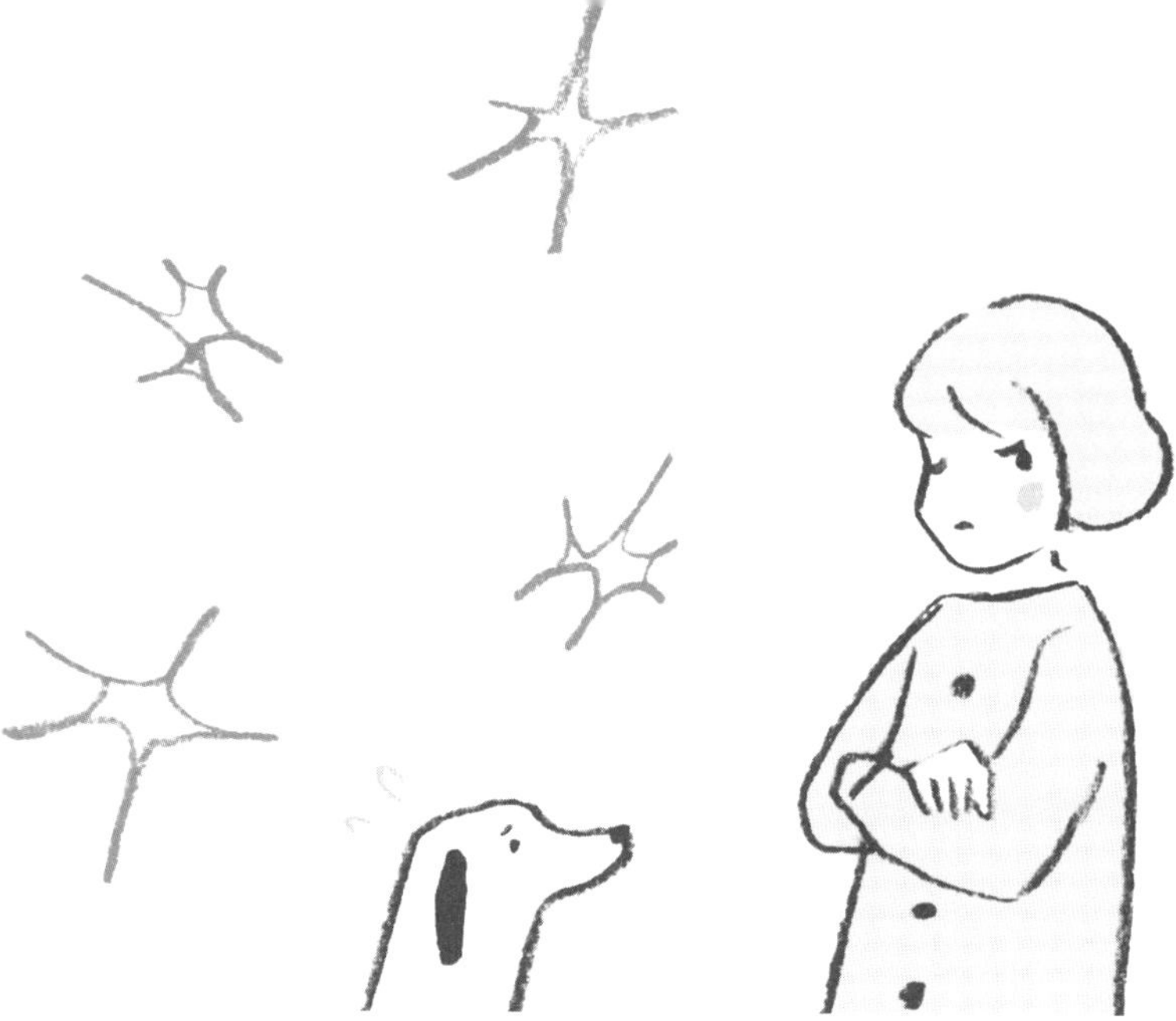

妬《ねた》む

他人が自分より優れている状態をうらやましく思って憎む。
＊音楽学校に入学した青年は、ピアノの才能を先輩に妬まれ、辛い仕打ちを受けた。

恨《うら》めしい

恨みに思われる様子だ。できれば仕返しをしたいほど憎らしい。
＊母親が卒業式に出席できなかったことを、今でも恨めしく思っている。

恨《うら》みつらみ

辛い目に合わされて積もり積もった、さまざまな恨み。「つらみ」は語調を整えるための文句。
＊心のこもった涙ながらの謝罪に、長年の恨みつらみも解けていった。

呪《のろ》う

恨みや憎しみを抱いている相手に災難がふりかかったり、失敗したりするように願う。相手の不幸を神仏に祈る。
＊人を呪えば自分にも悪いことが起こるという。

感情のことば

悔しい

クヤシイ

口《くち》惜《お》しい

物事が思い通りにならなくて、腹立たしい気持ちだ。うまくできなくて八つ当たりしたい。
＊風邪でさえなかったら試験に合格できたのにと思うと口惜しい。

くよくよする

過ぎたことを思い返して、あれこれと思い悩む。いつまでも気にかける。
＊けがをして部活を辞めた兄は、くよくよしながら、日々を過ごしていた。

後《こう》悔《かい》する

自分の行いについて、あとになって間違いだったと悔やむ。
＊すぐに謝っておけば、仲直りできていたのにと、大いに後悔した。

悔《かい》恨《こん》する

過去の自分の行いを残念に思う。過ちを悔やみ、残念に思う。
＊老年に至るまで、大した仕事ができなかったことを悔恨するのみだ。

悔《く》やんでも悔《く》やみきれない

いくら悔やんでも、悔しい気持ちが尽きることがない。悔いが残る。

＊ここで夢をあきらめたら、一生悔やんでも悔やみきれないと思う。

切歯扼腕《せっしやくわん》

非常に腹が立ち、悔しく思うこと。「切歯」は歯ぎしり、「扼腕」は自分の腕を握りしめること。

＊優勝を逃し、監督は切歯扼腕して悔しがった。

牙《きば》を鳴《な》らす

悔しがったり怒ったりして歯ぎしりする。また、敵意をあらわにする。江戸時代の言葉。

＊自分の夫を姫に奪われたと、北の方は牙を鳴らして語った。

臍《ほぞ》を噛《か》む

思い通りにならなかったことを悔やむ。後悔する。「臍」は、へそのこと。

＊台風で作物の葉が傷み、早く収穫していればとほぞをかんだ。

感情のことば

妬《や》く

嫉《そね》む

他人の幸せや自分にはない長所をうらやみ、ねたむ。嫉妬する。
＊人望のある先生が賞を取ったとき、嫉む人はほとんどいなかった。

僻《ひが》む

物事を素直に受け取らないで、自分が不利なようにゆがめて考える。ゆがんだ考え方をする。
＊届く手紙が少なくなったので、世間から忘れ去られたとひがんでいる。

嫉妬《しっと》する

自分より優れている人、愛情を向けられている人を恨み、ねたむ。
＊主役を射止めたアイドルに対し、競争相手たちは激しく嫉妬した。

岡焼《おかや》き

自分とは直接関係がないのに、他人の仲がいいのをねたむこと。
＊マナーの悪いカップルを注意したが、実は岡焼きの気持ちもあった。

焼餅《やきもち》を焼《や》く

嫉妬する。ねたむ。嫉妬をすることを「妬《や》く」ともいうことから生まれた言葉。
＊母があんまり妹をかわいがるので、焼餅を焼いたこともあった。

悋気《りんき》を起《お》こす

恋人や夫婦の間で、相手を疑って、やきもちを焼く。嫉妬する。
＊女性の筆跡で、夫にしきりに手紙が届くので、妻は悋気を起こした。

やっかむ

自分より優れている人や、恵まれている人をうらやんで憎む。ねたむ。

＊青年実業家の言動を批判している人たちは、彼の成功をやっかんでいるだけではないか。

妬心《としん》

他人のことをねたむ気持ち。「嫉妬心」ともいう。文語的な言葉。

＊大后は、主上の寵愛を受ける新しい妃に対し、胸を刺されるような妬心を感じていた。

感情のことば

残念に思う

ザンネンニオモウ

無念《むねん》

悔しくてたまらないこと。不本意であること。仏語では、妄念がないこと。無心であること。
＊親が生きている間に十分に親孝行できなかったことが無念でならない。

思《おも》い残《のこ》す

心残りに感じる。あきらめられない気持ちがある。未練を残す。
＊計画をすべて実行できたので、これで思い残すことはない。

遺憾《いかん》

期待通りに事が進まず、心残りであること。思い通りにならず、残念に思うこと。
＊時間をかけて進めてきた交渉が決裂したことを、まことに遺憾に思う。

心残《こころのこ》り

あとに思いが残ってすっきりしないこと。思い切れないこと。残念に思うこと。未練。
＊晴れの舞台で思うような演奏ができなかったことがいまだに心残りだ。

憾《うら》み

他と比べて不満足に思われること。物足りなく感じ、残念に思うこと。
＊この文章には、比喩の表現に凝りすぎているという憾みがある。

がっかりする

望み通りにならなかったり、当てが外れたりして、気力をなくす。ひどく疲労する。
＊家に帰れば、食べるものはあると思っていたが、何もなくてがっかりした。

残念無念《ざんねんむねん》

悔しくてたまらないこと。残念な気持ちをより強めた表現。
＊空港に駆け付けたが、残念無念、親友の見送りには間に合わなかった。

本意無《ほいな》い

自分の望むようにならなくて残念である。自分の本意ではない。
＊本意なく別れることとなったが、将来きっと再会できると信ずる。

感情のことば

懐かしむ

ナツカシム

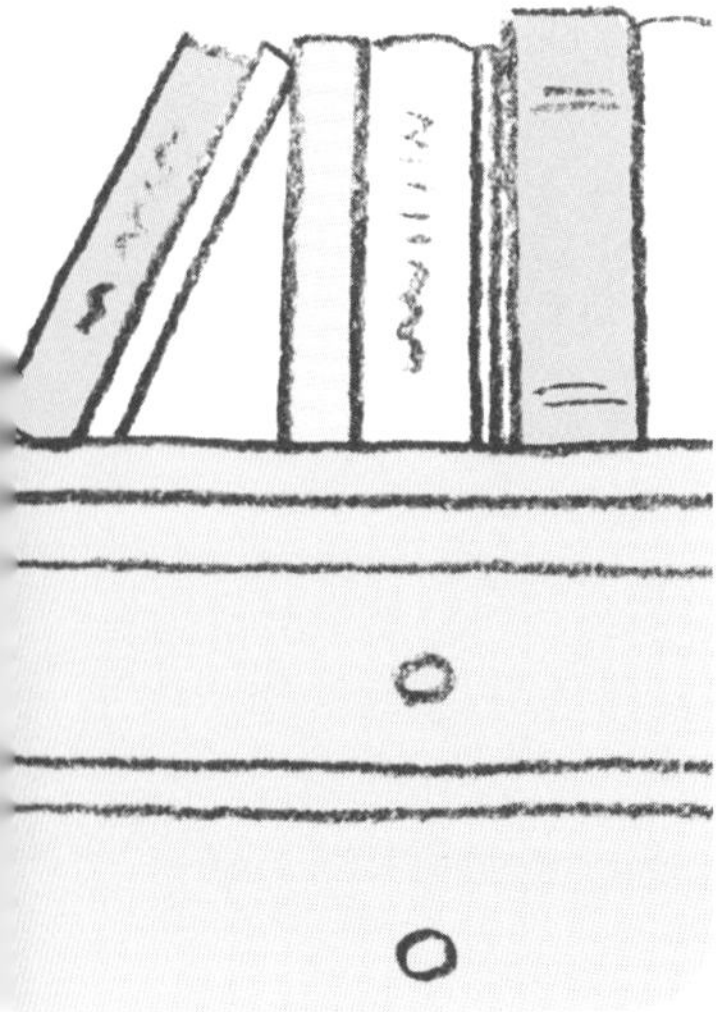

偲《しの》ぶ

過去の物事や遠く離れている人、場所などを懐かしく思い出す。心引かれて、思いをめぐらす。
＊祖父の亡くなったあと、その教え子たちが偲ぶ会を開いてくれた。

追想《ついそう》

過去を思い起こすこと。自分の体験や見聞きしたことを思い起こすこと。
＊バラードを聴きつつ、幸せだった頃への追想に浸る私だった。

追憶《ついおく》

過ぎ去ったことに思いをはせて、懐かしく感じること。過去を偲ぶこと。
＊晩年の祖母は、昔のアルバムを眺めては、追憶にふけっていた。

追懐《ついかい》

過ぎ去ったことや、昔に出会った人を思い出して懐かしむこと。追想。
＊数十年ぶりに母国の土を踏んだ私は、少年の頃を追懐していた。

回顧《かいこ》

過去を思い起こすこと。顧みること。後ろを振り返ること。
＊昭和生まれの父は、当時を回顧するテレビ番組を見て懐かしんでいる。

思《おも》い返《かえ》す

過ぎ去ったことを思い出し、再び考える。決めたことを考え直す。
＊思い返してみると、私の人生は会社のためだけに捧げられていたのだ。

顧《かえり》みる

過ぎ去ったことを思い起こす。回顧する。気にかける。心にとどめる。振り返って後ろを見る。
＊歴史を顧みると、現代への示唆を豊富に得ることができる。

懐古《かいこ》

昔の時代、風物などを懐かしく思い起こすこと。「懐古趣味」は昔の物を好むこと。
＊アンティーク家具に囲まれながら、懐古の情に浸っている。

感情のことば

魅せられる

ミセラレル

めろめろになる

しまりがなくなる様子。物事におぼれて本来のような自制心・抵抗力などを失う様子。

＊部下には厳格な社長も初孫の前ではめろめろになってしまう。

蕩《とろ》ける

心のしまりがなくなる。だらしなくなる。うっとりする。心が和らぐ。

＊猫カフェで猫たちに囲まれていると、とろけるような気分になる。

魅了《みりょう》される

心を引きつけられる。とりこにさせられる。夢中にさせられる。

＊少年時代、チョウの美しさに魅了され、昆虫学者をめざした。

酔《よ》う

あるものに心を奪われてうっとりする。いい気になって正常な判断ができなくなる。

＊大統領は聴衆の前で演説する自分に酔っていた。

引《ひ》き込《こ》まれる

人や物などに魅力を感じ、引きつけられる。思わず見入ってしまったり、愛着を感じたりする。

＊監督は、若手俳優の迫真の演技に引き込まれた。

恍惚《こうこつ》とする

心を奪われてうっとりする様子。意識がはっきりしない様子。

＊ホタルの群れの美しさに恍惚としながら、森の中を進んだ。

陶酔《とうすい》する

心を奪われて、うっとりして浸ること。気持ちよく酔うこと。
＊工房を見学し、美しい陶器を形づくる職人の技に陶酔した。

痺《しび》れる

激しく興奮し、魅了される。うっとりする。強烈な魅力を感じて陶酔する。
＊歌姫と呼ばれる歌手の力強く美しい歌声に、観客たちは痺れた。

感情のことば

憧れる

アコガレル

羨《うらや》む

人の様子を見て、自分もそうありたいと思う。他人の優れた才能や恵まれた状態をねたむ。
＊今回受賞した漫画家は、若さと才能を誰からも羨まれている。

憧憬《しょうけい》

憧れること。憧れの気持ちがあること。「どうけい」とも読む。
＊役者の一人として、ハリウッドには昔から憧憬の念を抱いている。

羨望《せんぼう》

うらやましく思うこと。他人に対して、自分もそうなりたいと思うこと。
＊大富豪と結婚した彼女は、周囲から羨望のまなざしを浴びていた。

涎《よだれ》を垂《た》らす

欲しくてたまらない様子をいう。手に入れたいと強く望む様子。「涎が出る」「涎を流す」とも。
＊妹は新しいスマートフォンを涎を垂らすほど欲しがっている。

垂涎《すいぜん》の的《まと》

多くの人が何としても欲しいと思う物のこと。たくさんの人がよだれを垂らす対象であること。

＊オークションにかけられた時計は、マニアの垂涎の的のビンテージだ。

傾倒《けいとう》する

ある物事に心を引かれ、夢中になる。ある人物を心から尊敬して、慕う。

＊中学の先生の影響を受けて、太宰治の小説に傾倒した。

心酔《しんすい》する

ある人や物事に心を奪われて、夢中になる。ある人を慕い、心から尊敬する。

＊大学の先輩は高名な落語家に心酔し、ついに弟子となった。

指《ゆび》をくわえる

うらやましく見ているだけで、手を出せずにいる。きまり悪そうにする。

＊好きな人が親友に奪われるのを、指をくわえて見ているしかなかった。

感情のことば

傷つく

キズツク

傷心《しょうしん》

心に痛手を受けて悲しい思いに沈むこと。悲しみに傷ついた心。
＊長年連れ添った妻と離別し、傷心の彼は住み慣れた土地を去った。

凹《へこ》む

俗に、やりこめられて、弱る。くじける。へこたれる。
＊履歴書をどんなに送っても一社も相手にしてくれず、さすがにへこんだ。

挫《くじ》ける

勢いや意欲がそがれて、弱まる。また、手足の関節がねじれて、関節やそのまわりを痛める。
＊いくら勉強しても成績が思うように伸びず、挫けそうになる。

ちくちく

先のとがった物で、軽く刺す様子。また、聞く人を軽く刺すような言葉をくり返して言う様子。
＊支店長は毎日のように、行員たちにちくちくと嫌味を言う。

針《はり》が突《つ》き刺《さ》さる

他人の悪意などにさらされ、心が傷つく。「針」は人を傷つけようとする悪意のたとえ。
＊批評家から針が突き刺さるような批判を受け、作家は方向を見失った。

痛手《いたで》を受《う》ける

物質的、もしくは精神的に大きな打撃を受ける。大きな被害や損害を受ける。
＊不況で痛手を受けたチェーン店が、新機軸で売り上げを伸ばした。

打撃《だげき》を受《う》ける

突然、心の痛手や物の損害を受ける。思いがけないダメージを受ける。
＊共同経営者に裏切られ、青年は計り知れない打撃を受けた。

トラウマになる

過去の体験がきっかけで、ある物事が怖くなる。「トラウマ」は心に受けた傷のこと。
＊海でおぼれたことがトラウマになり、水に入れなくなってしまった。

感情のことば

後ろめたい

ウシロメタイ

疚《やま》しい

良心がとがめて、すっきりしない。後ろめたい。古くは、病気で気分が悪い様子などを言った。
＊議員の歯切れが悪いのは、やはりやましいことがあるからではないか。

気《き》が咎《とが》める

後ろめたい気持ちがする。やましさを感じる。罪の意識を感じる。
＊腹痛で学校を休んだ日、家でゲームをするのは、なんだか気が咎める。

気《き》が差《さ》す

自分の言動について、心に引っかかることがある。後ろめたい気持ちがする。気がとがめる。
＊講演会で、以前語った内容を使い回すのは、さすがに気が差すものだ。

後《うし》ろ暗《ぐら》い

他人からとがめられるようなやましいことをしている。人に知られたくないことがある。
＊人が何と言おうと後ろ暗いことはないので、堂々と会見に臨む。

人目《ひとめ》を憚《はばか》る

他人の目を気にして避ける。見られるのを恐れる。世間に知られないように注意して行動する。
＊刑務所を出たばかりの男性は、人目をはばかりながら過ごしていた。

良心《りょうしん》の呵責《かしゃく》

自分の悪行に苦しむこと。やってはいけないことをやってしまい、心を痛めること。「呵責」は厳しく責めること。
＊犯人は良心の呵責に耐えられずに自首した。

ばつが悪《わる》い

きまりが悪い。自分の行いが場面に合わず、気まずい思いをする様子。「ばつ」は場都合の略。
＊物陰で泣いている女性と目が合ってしまい、ばつが悪かった。

引《ひ》け目《め》を感《かん》じる

他人に比べて自分が劣っていると思う。気後れする。劣等感に悩む。
＊ママ友は全員、お嬢様育ちだったので、私だけ引け目を感じていた。

感情のことば

飽きる

アキル

うんざり

同じことが続いて、嫌になる様子。期待が外れてがっかりする様子。

＊友人からいつも上司の悪口ばかり聞かされ、うんざりしてしまう。

飽《あ》きが来《く》る

飽きてしまう。嫌になる。気に入っていたものや、満足していたことが、しだいに嫌になる。

＊確かに個性的なデザインではあるが、いずれ飽きが来るだろう。

倦怠《けんたい》

飽きて嫌になること。飽き飽きすること。疲れてだるく感じること。

＊憂鬱と倦怠に閉ざされたこの精神を解放する術が、私にはなかった。

食傷《しょくしょう》

同じ食べ物を食べ続けて飽きることから、同じことに何度もふれ、飽きて嫌になること。

＊いくらヒット曲でも、同じ曲ばかり流れていると、食傷してしまう。

げんなり

飽きたり嫌になったりして、続ける気力がなくなる様子。疲れて気力がなくなる様子。

＊昼ご飯にカレーばかり何日も続くと、さすがにげんなりする。

所在《しょざい》が無《な》い

することがなくて退屈だ。「所在」は、ここではすることの意味。

＊パーティーで会話の輪に入れず、所在がなくてすぐに帰ってきた。

興醒《きょうざ》めする

あることがきっかけで、それまでの楽しい気持ちが冷めてしまう。「興」はおもしろみ、楽しみのこと。

＊料理の味はよかったが、店員の態度が無礼で興醒めした。

飽《あ》き飽《あ》き

同じことが続きすぎて、すっかり嫌になる様子。うんざりする様子。

＊彼は口を開けば自慢話ばかりなので、さすがに飽き飽きしてしまう。

感情のことば

敬う

ウヤマウ

一目《いちもく》置《お》く

自分より相手の力量が優れていることを認め、敬意を払う。

＊彼女はどこでもリーダーシップを発揮する人物なので一目置いている。

敬意《けいい》を払《はら》う

相手に尊敬する気持ちを表す。態度や言葉で尊敬する気持ちを示す。

＊長年、粘り強く取材を続けてきた先輩記者に、後輩たちは敬意を払った。

仰《あお》ぐ

尊敬する。尊敬を込めて見る。また、教えや援助などを請う。

＊中学三年生のときの担任の田中先生を、恩師と仰いでいる。

崇《あが》める

きわめて尊いものとして、敬意を払う。崇敬する。大事に扱う。

＊長年の独裁政権を終わらせたその人物を、国民は英雄と崇めた。

崇拝《すうはい》する

あるものや人物を神のように尊敬する。あがめる。

＊日本人は古くから、樹木や石などに神が宿ると考え、自然を崇拝してきた。

敬服《けいふく》する

感心して敬う。尊敬の気持ちを抱く。また、心から尊敬して従う。

＊前代未聞の事態にもかかわらず、冷静に対応するリーダーの姿には敬服するほかない。

尊敬《そんけい》する

その人の人格、行い、業績などを尊いもの、優れたものと認めて、敬う。

＊三人の子どもを一人で育て、大学まで通わせた母親を心から尊敬する。

敬慕《けいぼ》する

目上の人や優れた人を敬い、その人柄を慕う。敬意をもって慕う。

＊多くの生徒から敬慕されてきた校長先生が、この春定年を迎えた。

感情のことば

つまらない

ツマラナイ

味気《あじけ》ない

おもしろみや魅力がなくつまらない。くだらない。味気は「あじき」とも読む。

＊日々、家と職場の往復だけで、味気ない生活を送っていた。

退屈《たいくつ》

特にするべきことがなくて、時間をもてあますこと。飽き飽きして嫌になること。

＊雨の日が続き、外で遊べない子どもたちはずっと退屈だった。

くだらない

程度が低くて、つまらない。取り合うだけの価値がない。

＊疲れがたまっているのか、今日はくだらないミスばかりしてしまった。

ぞっとしない

おもしろくない。あまり感心しない。「ぞっと」は恐怖を感じる以外に感動する様子もいう。

＊春の新作には期待していたが、あまりぞっとしないデザインだ。

あくびが出《で》る

退屈でしかたがなくなる。実際にあくびが出なくても使う表現。
＊ご隠居の話はうんちくばかりで長いので、まったくあくびが出る。

無味乾燥《むみかんそう》

何のおもしろみも風情もないこと。味わいがないこと。また、その様子。
＊ありきたりの表現を並べたようなスピーチで、無味乾燥そのものだ。

馬鹿馬鹿《ばかばか》しい

あまりにもばからしい。無意味で興味が起こらない。くだらない。
＊自分とは関係のない人のうわさ話に興じるなんて馬鹿馬鹿しい。

眠気《ねむけ》を誘《さそ》う

つまらなくて、眠い気分にさせる。また、甘美な音楽などにもいう。
＊昨日観た映画はたんたんと日常の描写が続くだけで、眠気を誘われた。

甲斐《かい》が無《な》い

わざわざそれをする意味がない。「甲斐」は当て字で、効果、効き目の意味。「効」とも書く。
＊父は何を食べても反応が薄いので、料理をつくるかいがない。

感情のことば

感動する

カンドウスル〈1〉

琴線《きんせん》に触《ふ》れる

よいものや、素晴らしいものに触れて強く感動する。感銘を受ける。
＊私の詩が、読む人の琴線に少しでも触れたなら、とてもうれしい。

脳裏《のうり》に焼《や》きつく

強い印象を受けて、いつまでも消えずに記憶に残る。「脳裏」は頭の中、心の中のこと。
＊十年前、富士山から見た朝日の美しさは今も脳裏に焼きついている。

感銘《かんめい》を受《う》ける

忘れられないほど深く感動し、心に刻まれる。素晴らしい、と印象に残る。
＊チームを優勝に導いた監督のスピーチに感銘を受けた。

心《こころ》を動《うご》かされる

感動させられる。心を打たれる。興味を誘われる。気持ちが落ち着かなくなる。心を乱される。
＊環境問題に取り組む高校生の訴えに、社長は心を動かされた。

胸《むね》を打《う》たれる

強く感動させられる。心を打たれる。感嘆させられる。
＊逆境にめげず、健気に生きぬこうとする子どもの姿に、胸を打たれた。

しみじみ

深く心にしみ入るように、心の底から感じる様子。
＊戦争中の生活を伝える記録映画を見て、平和の尊さをしみじみ感じた。

胸《むね》が熱《あつ》くなる

大きな感動がこみ上げて、胸のあたりがじんわり熱くなる感じがする。

＊最後の公演を終えた指揮者は、大きな拍手に胸が熱くなった。

感慨《かんがい》にふける

心から深く感じて、しみじみとした気持ちに浸る。身にしみて感じ入る。

＊子どもの頃に住んでいた町を訪れ、しばらく感慨にふけっていた。

感情のことば

感動する

カンドウスル〈2〉

ぐっとくる

「感情を動かされる」の意味の口語的な表現。心を揺さぶられる。

＊落ち込んでいたときの上司の何気ない一言に、ぐっときた。

感《かん》じ入《い》る

すっかり感心する。しみじみと感心する。心から深く感じる。

＊シェフの料理を口にした両親は、おいしさに感じ入った様子だった。

感《かん》極《きわ》まる

「感」は感情の意味。感情が頂点に達する。涙が出たり、言葉を失ったりするほど感動する。

＊金メダルを獲得した選手が、インタビュー中に感極まって涙を流した。

感《かん》に堪《た》えない

非常に感動して、それを隠すことができない。感動を表に出さずにはいられない。

＊両親から祝福の言葉をもらって、花嫁は感に堪えない様子を見せた。

感嘆《かんたん》

感心したり感動したりして、声やため息をもらすこと。感心してほめたたえること。
＊選手が見事なジャンプを成功させると、観客たちは感嘆の声を上げた。

感服《かんぷく》

行動や考え方などに深く感心して、相手に尊敬の気持ちを抱くこと。
＊川に落ちた人を助けたという、高校生の勇気ある行動に感服した。

感無量《かんむりょう》

感慨や感激が計り知れないほど大きいこと。また、そのさま。「感慨無量」ともいう。
＊地道な奉仕活動が評価されて受賞につながり、実に感無量だった。

共感《きょうかん》する

他人の意見や感情などについて、同じように考えたり感じたりする。
＊「仕事を通じて社会に貢献する」という会社の姿勢に共感した。

感情のことば

誇らしい

ホコラシイ

晴《は》れがましい

舞台が華やかすぎて気恥ずかしい。また、光栄で誇らしい。
＊選手宣誓をすることになって、晴れがましい気持ちで開会式に臨んだ。

得意満面《とくいまんめん》

物事が思い通りに運び、顔全体に誇らしさが表れている様子。成功して満足している様子。
＊見事一位でゴールした少年は、得意満面でガッツポーズをして見せた。

意気揚々《いきようよう》

得意げで威勢のよい様子。いかにも誇らしげにふるまう様子。
＊国内で優勝したチームは、意気揚々と世界大会の会場に乗り込んだ。

勝《か》ち誇《ほこ》る

勝利して自慢する。勝って得意になる。勝ったことで誇らしげにする。
＊おみくじで大吉を引き当てた妹が、勝ち誇ったような顔で見せつけた。

肩身《かたみ》が広《ひろ》い

世間に対して面目が立ち、得意な気持ちになる。対義語は「肩身が狭い」。
＊将棋の町に生まれ、有名棋士となった彼は、地元では肩身が広かった。

胸《むね》を張《は》る

胸をそらせて、自信を見せる。得意になる。堂々としている。
＊この学校を卒業したことを誇りに思い、胸を張って生きていこうと思う。

優越感《ゆうえつかん》を抱《いだ》く

自分が他人より優れているという感情をもつ。優越感の対義語は「劣等感」。
＊自分の容姿が美しいことに気づいた少年は、密かに抱く優越感をどうしようもなかった。

得々《とくとく》とする

得意そうな様子になる。自慢げな顔をする。満足する。
＊子どもの頃、父は酔うと決まって、若い時の武勇伝を得々として語ったものだ。

感情のことば

自慢する

ジマンスル

好《い》い気《き》になる

人の気持ちも考えず、自分だけ得意になる。何も怖いものがないかのようにつけ上がる。

＊次期部長候補となり、彼は最近、いい気になっているとうわさだ。

自惚《うぬぼ》れる

自分を実際以上に優れていると思い込んで、得意になる。自分を過大評価して得意になる。

＊コンペで選ばれてから、デザイナーはひどくうぬぼれてしまったようだ。

鼻高々《はなたかだか》

いかにも得意げである様子。鼻高。

＊所属俳優が主演賞に輝き、プロダクションの社長は鼻高々だった。

自慢《じまん》げ

自分自身のことをほめて、誇らしげになる様子。自分の性質や能力について、得意になる様子。

＊プラモデルを完成させると、弟はそれを自慢げに家族に見せた。

したり顔《がお》

思い通りになって、得意そうな顔つき。また、物事がわかったような顔つき。

＊飲み屋の客が店主に、時事問題についてしたり顔に解説している。

誇《ほこ》る

優れていると思って得意になる。また、その気持ちを言葉や態度で表す。名誉に思う。

＊たこ焼きは、大阪が世界に誇る食文化の一つと言える。

思《おも》い上《あ》がり

自分を実際以上に優れていると思い込んで、得意になること。

＊自分一人の力で仕事をしていると考えるのは、思い上がりというものだ。

鼻《はな》にかける

才能や技術、経歴などを自慢する。一つのことで得意になる。

＊バイト先の同僚は、一流大学を卒業したことを鼻にかけている。

感情のことば

同情する

ドウジョウスル

労《いたわ》しい

とても気の毒で同情しないではいられない。痛々しい。不憫である。

＊大手術をした部長のお見舞いに行ったが、すっかり衰弱していて、おいたわしい姿だった。

可哀相《かわいそう》

同情の気持ちが起こる様子。不憫な様子。「可哀想」とも書く。

＊兄弟げんかで、上の子ばかりを叱ってはかわいそうだろう。

気《き》の毒《どく》

他人の不幸や苦痛に同情して心を痛める気持ち。迷惑をかけて申し訳なく思う気持ち。自分の心の毒になるという意味。

＊親の都合で何度も転校する彼を気の毒に思った。

痛《いた》ましい

同情して、心が痛むほど悲惨である。目を背けたくなるほど痛々しい。

＊幼い子どもを残し、家族が亡くなるという痛ましい事故だった。

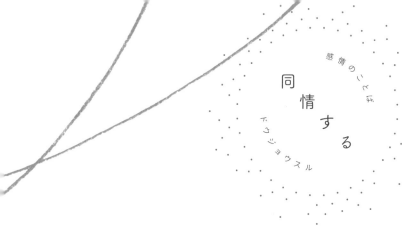

他人事《ひとごと》とは思《おも》えない

自分の身にも同じことが起こるかもしれないと思う。「他人事《たにんごと》」とも読む。
＊過労で辞職した同僚のケースは、とても他人事とは思えない。

思《おも》い遣《や》り

相手の身の上や気持ちに心を配ること。気がつくこと。同情。
＊困っている人を見ると放っておけない彼は、とても思いやりのある人だ。

哀《あわ》れ

同情して、心を痛める気持ち。痛ましいと思う気持ち。不憫。
＊彼は妻子に去られ、さらに両親からも絶縁された哀れな男だった。

情《なさ》けをかける

他人をいたわって、手を差しのべる。同情して、相手を思いやった言動をとる。
＊食べ物に困ってパンを盗んだ男に、店長は情けをかけ、見逃してやった。

感情のことば

情けない

ナサケナイ

不甲斐《ふがい》ない

情けないほど、気力や根性が足りない。意気地がない。だらしがない。

＊タイムが伸びないからといって、練習をやめるなんて、不甲斐ない。

面目《めんぼく》が立《た》たない

相手や世間に対して、恥ずかしくて合わせる顔がない。面目ない。面目は「めんもく」とも読む。

＊優勝すると公言していたのに、一回戦で負けては面目が立たない。

惨《みじ》め

誇りを失うほど辛い様子。目も当てられない様子。「見じ目（見たくない状況）」の意味。

＊家族を満足に養うことさえできない自分自身がひたすら惨めだった。

浅《あさ》ましい

身だしなみや言動などが下品に感じられる様子だ。さもしい。見苦しくて情けない。

＊拾ったお金をネコババするなんて、浅ましいことだ。

しがない

大したものではない。取るに足りない。つまらない。また、貧しい。みすぼらしい。

＊しがない会社員から見ると、一億円の収賄なんて実感がわかない。

みすぼらしい

外見が粗末で、見苦しい。身なりが貧しく、情けない感じだ。貧相だ。

＊一見みすぼらしい建物だが、内装は思いのほかおしゃれだった。

儚《はかな》い

あっけない。むなしく消えていく感じだ。不確実で頼りにならない。「果敢無い」とも書く。
＊大自然の中で生きる一つ一つの命が、とてもはかないものに思えた。

惨憺《さんたん》

状況や結果などが、どうしようもないほどひどい様子。救いようがなく、見るに忍びない様子。
＊意気込んで臨んだ大会だったが、惨憺たる結果に終わった。

感情のことば

満たされない

ミタサレナイ

不服《ふふく》

相手の判断に納得がいかず、不満な様子。従う気持ちになれない様子。
＊有罪判決を不服として、弁護団は控訴することに決めた。

物足《ものた》りない

何か足りないようで満足できない。どことなく不足している感じだ。
＊友人の家の食事は物足りなかったが、居候の身だったので我慢した。

不本意《ふほんい》

本意ではない様子。自分の本当の気持ちや望みとは違っている様子。
＊不本意だったが、やむなく第二志望の会社に就職することにした。

不満足《ふまんぞく》

納得できず満足しない様子。満たされない気持ちがする様子。不満。
＊映画は大ヒットしたが、監督自身はその出来に不満足だったようだ。

欲求不満《よっきゅうふまん》

なんらかの要因によって欲求が満たされず、満足できないままの状態であること。
＊仕事が忙しくて、まったく遊びに行けなくなり、近ごろは欲求不満だ。

しこりが残《のこ》る

物事が終わったあとも問題が残り、なんとなく嫌な気持ちが続く。わだかまりが残る。
＊親戚中から借金をしたことで、返済後もしこりが残ってしまった。

飽《あ》き足《た》りない

十分に満足できない。納得できない。堪能することができない。
＊そば好きの父は食べるだけでは飽き足りず、自分で打つようになった。

呆気《あっけ》ない

思ったより内容が簡単で、おもしろみがない。期待外れで物足りない。張り合いがない。
＊決勝戦での熱闘を楽しみにしていたが、意外にあっけなく終わった。

感情のことば

納得できない

ナットクデキナイ

釈然《しゃくぜん》としない

疑いや迷いが晴れず、納得できない。「釈然」は、疑いや迷いが解けてすっきりする様子。

＊賃金カットについての説明を聞いたが、どうも釈然としなかった。

意《い》に沿《そ》わない

相手の希望や要求に一致していない。結果や出来などに不満が残る。

＊意に沿わない仕事も、生きていくためにはやらなくてはならなかった。

割《わ》り切《き》れない

理解はできるが、十分に納得できない。どこか気持ちがすっきりとしない。

＊同じ仕事をしても、人によって給料の額に差があるのは割り切れない。

解《げ》せない

どうしても納得がいかない。わからない。理解できない。

＊業績アップの立役者である社長が解任されたという話は、どうしても解せない。

合点《がてん》がいかない

物事に納得できない。承知できない。腑に落ちない。「合点」はうなずいて承知の意を表すこと。
＊他人をからかってばかりいる芸人が、なぜ人気なのか、合点がいかない。

心外《しんがい》

思い通りでない様子。意外な仕打ちや悪い結果などに対して、驚いたり怒ったりしている状態。
＊一生懸命に働いて成果を上げているのに、不正を疑われるとは心外だ。

腑《ふ》に落《お》ちない

物事に納得がいかない。合点がいかない。「腑」ははらわたのことで、心の底という意味がある。
＊世界大会での決勝点をめぐる主審の判定はどうも腑に落ちなかった。

不平《ふへい》

納得できず、満足できない気持ち。また、その気持ちから出る文句。不平不満。
＊辛い仕事でも不平を言わずにこなす奉公人を、主人は信頼していた。

感情のことば

感謝する

カンシャスル

有難《ありがた》い

人の好意などで助かり、うれしくて頭を下げたくなる気持ちだ。元は「滅多にない」という意味。
＊退職後、元上司からいつでも力になると言ってもらえてありがたい。

願《ねが》ってもない

「願っても簡単に実現しそうもない」の意味で、そういうことが実現してありがたい、という場合に使う。望外。
＊非公開の寺に入れるとは願ってもないことだ。

恐《おそ》れ入《い》る

相手の好意などに対して、ありがたいと思う。恐縮する。迷惑をかけたことを申し訳なく思う。
＊遠くからお見舞いに来ていただき恐れ入ります。

痛《いた》み入《い》る

自分には過ぎるほどの相手の親切や好意に対して、申し訳なく思う。
＊産休中はありがとうございました。出産祝いまで頂戴し、まことに痛み入ります。

恐悦至極《きょうえつしごく》

目上の人に対して喜びを伝える表現。この上なくうれしくて、かしこまっていることを表す。
＊温かいお言葉をいただき、恐悦至極に存じます。

身《み》に余《あま》る

自分にとって扱いがよすぎる。与えられた栄誉や責任などが、自分の能力に対して大きすぎる。
＊県の観光親善大使に選んでいただき、身に余る光栄です。

畏《おそ》れ多《おお》い

目上の人や尊敬する人などに対して、恐れる気持ちが強くて頭が上がらない。自分にはもったいないくらいありがたい。

＊大先輩から高評価の言葉をもらって、畏れ多い。

忝《かたじけな》い

相手に好意をかけてもらうなどして、ありがたい。おそれ多い。やや古風でかたい表現。

＊一夜の寝所だけでなく、食事まで用意してくれたのは忝いことだった。

感情のことば

面白い

オモシロイ

剽軽《ひょうきん》

気軽でおどけた感じのする様子。また、ふざけて、人をおもしろがらせるのが好きな性質。

＊ひょうきんな弟は、人を笑わせるのが好きで、芸人をめざしている。

可笑《おか》しい

つい笑いたくなる様子だ。滑稽だ。また、言動・状況などが、普通と違っていて変だ。

＊注目の若手芸人トリオの最新コントが、実におかしい。

興《きょう》に入《い》る

興味をもって夢中になったり、おもしろがったりする。

＊芸人の踊りを見て、満座の者たちは興に入って笑い転げた。

滑稽《こっけい》

おどけたふるまいなどが、ばかばかしくて、笑ってしまうほどおもしろい様子。やや古風な表現。

＊浪士たちの討ち入りを知り、家臣は滑稽なほどあわてふためいた。

臍《へそ》で茶《ちゃ》を沸《わ》かす

あきれて笑ってしまう。ちゃんちゃらおかしいと思う。あざける場合に用いることが多い。

＊宇宙人にさらわれたなんて本気で言うとは、へそで茶を沸かすよ。

COLUMN 2

プラスの気持ちとマイナスの気持ち

「〜い」で終わる形容詞を使って自分の気持ちを表そうとすると、ひとつ気づくことがあります。プラスの気持ち、積極的な気持ちを表すための語彙が、ひどく限られているのです。

いい体験をしたときなどに、その気持ちを「〜い」と言おうとしても、あまりことばが思いつきません。「うれしい」「楽しい」「面白い」——代表的なのはこの3つぐらいです。少々固いことばとして「喜ばしい」がありますが、日常語ではありません。

子どもが遠足や運動会についての作文を書くとき、何でも「楽しかったです」で済ませてしまうことがあります。実は、これは、本人のせいだけではなく、プラスの形容詞が少ないことにも原因があります。

一方、マイナスの気持ち、消極的な気持ちを表す形容詞は、嫌になるほどあります。「悲しい」「寂しい」「苦しい」「辛い」「煩わしい」「怖い」「恐ろしい」「憎らしい」「悔しい」「情けない」「恥ずかしい」「妬ましい」「いらだたしい」「腹立たしい」……まだあるので、考えてみてください。

人は、満足しているときよりも、不満や不安があるときのほうが、気持ちを細かく表現したくなります。プラスの形容詞とマイナスの形容詞に量的な偏りがあるのはこのためです。

プラスの形容詞の少なさを補うには、修飾語を加える方法があります。「飛び上がるほどうれしい」「泣くほどうれしい」など、詳しく言うことで、細かい気持ちが表現できます。

気分がよい

気分のことば

キブンガヨイ

快感《かいかん》

いい気持ち。快く感じること。楽しいことや好きなことなどに接して、しびれるような気持ち。
＊コンサート会場に響きわたる歌声に、観客は大きな快感を味わった。

ご機嫌《きげん》

非常に機嫌がいい様子。表情や態度に出るほど機嫌がいい様子。上機嫌。
＊ディレクターは番組が奨励賞に選ばれたので、とてもご機嫌だ。

快《こころよ》い

晴れやかで、気持ちよく感じられる状態だ。心地がいい。また、心にわだかまりがなく、すっきりとした感じだ。
＊友人の結婚式のスピーチを、快く引き受けた。

爽快《そうかい》

すがすがしい気持ちである様子。さわやかな様子。すっきりとして気持ちがいい様子。
＊窓から柔らかな朝日が差し込み、爽快な気分で目覚めた。

心地好《ここちよ》い

気持ちがいい。さわやかな気分である。快適である。快い。
＊文豪が愛したという老舗旅館は、やはり落ち着きがあって心地好い。

爽《さわ》やか

さっぱりとしたいい気分でいる様子。晴れやかないい気持ちでいる様子。
＊友人は不平不満や人の悪口を言わないので、一緒にいると、爽やかな気持ちになる。

痛快《つうかい》

相手を降参させたりして、胸がすくような、晴れ晴れした気持ち。非常に愉快な様子。
＊三点差からの痛快なサヨナラ満塁ホームランに応援席はわき立った。

気《き》が楽《らく》になる

目の前にあった不安や緊張などから解放されて、気持ちがゆるむ。心が落ち着く。
＊失敗はあなたのせいではないと同僚に慰められ、少し気が楽になった。

清々《すがすが》しい

さっぱりして気持ちがいい。もやもやした気持ちが晴れるようだ。また、思い切りがいい。
＊優勝は逃したけれど、全力を尽くしたので、すがすがしい気持ちだ。

快適《かいてき》

心身ともに具合がよくて、非常に気持ちがいい様子。爽快。
＊スタッフの行き届いたサービスのおかげで、快適な船旅ができた。

気分のことば

浮かれる

ウカレル

舞《ま》い上《あ》がる

うれしいことがあって、気持ちが浮かれる。いい気になって落ち着きをなくす。有頂天になる。
＊劇団の研究生に合格し、すっかり舞い上がってしまった。

晴《は》れやか

心に不安やわだかまりがなくなってすっきりする様子。気持ちがさっぱりとして明るくなる様子。
＊成人式の会場では、新成人たちの晴れやかな笑顔が見られた。

ふわふわする

宙に浮いているようで、落ち着かない気分になる。気分がうわつく。
＊友人への気持ちが恋だと気づいてからずっと気持ちがふわふわしている。

お祭《まつ》り気分《きぶん》

祭りに参加したときのような浮かれた気分。気持ちが高ぶって、うわついた様子。

＊イベントは終わったのだから、いつまでもお祭り気分ではいけない。

鼻《はな》歌《うた》交《ま》じり

鼻歌をうたいながら、気楽な感じで何かを行う様子。真剣味に欠ける様子にも使う。

＊キッチンをのぞくと、娘が鼻歌交じりに生クリームを泡立てていた。

心《こころ》が浮《う》き立《た》つ

うきうきとした気分で、落ち着かなくなる。うれしくてそわそわする。

＊オーストラリアへの留学のことを考えると、心が浮き立ってならない。

小《こ》気《き》味《み》好《よ》い

相手のふるまいや行動が見事で、心地よい。思わず胸がすくようで、気持ちがいい。

＊和菓子職人がてきぱきと練り切りをこしらえる姿が、小気味よい。

陽《よう》気《き》

晴れ晴れとした気持ち。朗らかで明るい様子。楽しげな様子。

＊街ではハロウィンの仮装をした若者たちが、陽気に騒いでいた。

気分のことば

落ち込む

オチコム

愁《うれ》い

理由もなく悲しくなった気持ち。嘆きや悲しみの気持ち。悩んでいて晴れない心。
＊中学生の娘は、親友が転校してから、愁い顔を見せるようになった。

気《き》が沈《しず》む

気が滅入って元気がなくなる。気になることがあって晴れない気持ちになる。気分が落ち込む。
＊営業成績のことを考えると、気が沈む。

めげる

気力がそがれて、気分が落ち込む。気持ちがくじけて、ひるむ。
＊塔の上までまだまだ続く階段を見上げて、めげてしまいそうになった。

しおれる

元気をなくし、しょんぼりする。植物が生気を失って弱った様子にたとえた表現。
＊告白する前に失恋してしまい、後輩はすっかりしおれていた。

憂鬱《ゆううつ》

深く落ち込んで心が晴れない様子。気持ちがふさいでいる様子。

＊お盆休みも終わり、明日からまた仕事かと思うと、憂鬱になる。

物憂《ものう》い

なんとなく気分が晴れない。なんとなくだるくて、何もする気が起きない。気だるい。

＊何をするのも物憂い春の一日、ベッドの中でずっとぼんやりしていた。

鬱《ふさ》ぐ

気持ちが晴れず、憂鬱な気分になる。気分が優れない。「塞ぐ」とも書く。

＊取引先からクレームを受けて以来、ずっと気分がふさいでいる。

鬱々《うつうつ》とする

不安や心配事があって晴れない気持ちになる。気持ちが沈む。心を悩ます。気が滅入る。

＊受験のことが心配で鬱々としていた私は、景色も目に入らなかった。

気分のことば

苛立つ

イラダツ

むしゃくしゃする

気分が晴れずに、いらいらする。腹立たしく感じてすっきりしない気分になる。
＊仕事で失敗してむしゃくしゃしていたため、つい飲みすぎてしまった。

焦《じ》れる

待ち望んでいることがなかなか訪れず、いら立つ。もどかしくて、落ち着かない状態になる。
＊注文した料理が来ないので、さすがにじれて店員を呼びとめた。

かりかりする

気分がいら立って、ちょっとしたことで怒りっぽくなる。
＊編集長は、締め切り間近になると、いつもカリカリしている。

焦《じ》れったい

思うように進まず、いらいらして落ち着かない。状況がもどかしくて腹立たしい。
＊好き同士がすれ違ってばかりのドラマは、じれったくてしかたがない。

じりじりする

期待通りに進まないことなどから、だんだん気持ちが焦って、落ち着かなくなる。
＊オーディションに出た俳優たちは、結果をじりじりして待っていた。

苛立《いらだ》たしい

思い通りにいかないことに、いらいらする。落ち着かず、腹立たしい。
＊のらりくらりと答弁する首相を見ていると、苛立たしくなる。

歯痒《はがゆ》い

思い通りにならず、いら立たしい。もどかしい。歯がかゆくなるほどじれったい気持ちをいう。
＊文章がつたないので、思うことを人に伝えられず、とても歯がゆい。

うざったい

邪魔くさくて煩わしい。くどくて不快だ。多摩地方の方言から広まった俗語。「うざい」とも。
＊夢を語る君は、うざったいけど嫌いじゃない。

気分のことば

不愉快

フユカイ〈1〉

虫《むし》の居所《いどころ》が悪《わる》い

機嫌が悪くて、怒りっぽくなった感じだ。ささいなことがやけに気になり、気に障る感じだ。
＊今月は売り上げが目標に届きそうになく、店長の虫の居所が悪い。

臍《へそ》を曲《ま》げる

機嫌を悪くして言うことを聞かなくなる。素直でなくなる。すねる。
＊先週デートをキャンセルしたので、今週誘ったら、「もういい」とへそを曲げられた。

気《き》を腐《くさ》らせる

事が思い通りに運ばず、嫌になる。やる気をなくす。気を滅入らせる。
＊役者になって十年経つが、いい役がこないので気を腐らせている。

気《き》に障《さわ》る

相手に嫌な気持ちを起こさせる。他人の感情を害する。
＊先輩に、どうして独身なのかと尋ねたのが気に障ったらしく、態度がよそよそしくなった。

くさくさする

おもしろくないことや不愉快なことがあって、気分が晴れなくなる。なんだか気分がいら立つ。
＊両親と口論になり、くさくさするので、気分転換に散歩に出た。

苦々《にがにが》しい

悔しさや不愉快さを我慢するしかなくて、苦味を感じる様子だ。
＊先方との交渉が決裂したという報告を、苦々しい気持ちで聞いていた。

虫唾《むしず》が走《はし》る

胸がむかむかするほど不快である。ひどく嫌だ。「虫唾」は、胃から口に逆流してくる液体。
＊人に忍耐を説きながら、裏では私腹を肥やす政治家には虫唾が走る。

胸糞《むなくそ》が悪《わる》い

俗に、怒りや悔しさなどで、胸がむかむかするほど、不愉快な気持ちだ。
＊ネット上の差別的なひどい書き込みを見ていると、胸くそが悪くなる。

気分のことば

不愉快

フユカイ〈2〉

機嫌《きげん》を損《そこ》ねる

うっかり言ってしまったことなどで、相手のよい気分を害する。不愉快にさせる。
＊敬語を間違うと、上司はすぐ機嫌を損ねるので、とても扱いにくい。

気分《きぶん》を害《がい》する

不愉快になる。機嫌を悪くする。あるきっかけで、今までよかった気分が悪くなる。
＊撮影準備に時間がかかってしまい、監督の気分を害してしまった。

吐《は》き気《け》がする

吐きそうになるくらい、不快な気持ちがする。胸がむかむかする。怒りがこみ上げる形容。
＊爽やかなイメージで売っていた俳優の不倫報道を聞いて吐き気がした。

むかつく

相手の言動などに対して腹が立つ。頭にくる。不愉快に感じる。胸がむかむかする。
＊家事を分担しない夫の言い訳を聞くたび、むかついている毎日だ。

わだかまり

物事が終わったあとにも、心の中につかえている嫌な気分。もやもやとした重苦しい気持ち。
＊けんかのあとにわだかまりが残らないよう、一緒に食事に行った。

気《き》に食《く》わない

自分の気持ちと合わないため、不満を感じる。好みに合わずに、不満や不快に感じる。気に入らない。
＊コーチのやり方が気に食わない監督は、何かにつけて文句を言う。

後味《あとあじ》が悪《わる》い

物事が終わったあとに残った印象が悪い。「後味」は、飲食のあとに舌に残る感じのこと。
＊誤審で試合に勝っても後味が悪いだけだ。

居心地《いごこち》が悪《わる》い

場所や地位などに、気分よく落ち着いていられない。人前でゆったりした気持ちにならない。
＊新しい職場は、同僚とほとんど会話もなく静かで、どうも居心地が悪い。

心のことば

揺れ動く

ユレウゴク〈1〉

心《こころ》を躍《おど》らせる

期待して、心をわくわくさせる。喜びで胸を高鳴らせる。
＊いよいよパリの街とご対面だ、と心を躍らせながら空港に降り立った。

心《こころ》が引《ひ》かれる

魅力を感じて、もっと近づきたくなる。関心が向く。思いを寄せる。「惹かれる」とも書く。
＊香ばしいにおいに、つい心が引かれて、たい焼き屋の行列に並んだ。

心《こころ》が動《うご》く

心が引きつけられて、その気になる。関心をもつ。また、気持ちや考え方が変わる。
＊転職の話に心が動いたが、今の会社でもう少しやってみることにした。

心《こころ》を打《う》たれる

心に強い衝撃を覚えて、とても感動する。強い感銘を受ける。

＊五十年間、快楽を捨てて研究に没頭した博士の姿勢に心を打たれた。

心《こころ》が弾《はず》む

期待して、うきうきする。喜びで胸が高鳴る。心が躍る。わくわくする。

＊来週に迫った同窓会のことを考えると、思わず知らず心が弾んだ。

心《こころ》が解《と》ける

心のわだかまりがとれる。気持ちがほぐれて機嫌がよくなる。心の緊張が解けて和らぐ。

＊不幸にも憎しみ合う二人の心が解けるには、相当の時間がかかるだろう。

心《こころ》が乱《みだ》れる

不安や心配で、平静な気持ちが失われる。あれこれと思い悩んで、辛い気持ちになる。

＊自分の年齢で転職してうまく行くだろうかと考えると、心が乱れる。

心《こころ》が震《ふる》える

心に衝撃を受けて、強い感動を覚える。感極まる。魂が揺さぶられる。魂が震える。

＊学生たちが一体となったオーケストラの演奏に心が震えた。

心のことば

揺れ動く

ユレウゴク〈2〉

心《こころ》が騒《さわ》ぐ

よくないことが起こりそうな予感がして、落ち着かなくなる。不安にかられて動揺する。胸騒ぎがする。

＊鳴り響く電話の音に、いつになく心が騒いだ。

心《こころ》に沁《し》みる

あとになって、じわじわと深く心に入り込んでくる。しみじみと感じ入る。

＊闘病中もずっと励ましてくれたファンの優しさが、心に沁みた。

心《こころ》に響《ひび》く

心を強く動かされて、深い感動を覚える。感銘を受けて、印象に残る。魂に響く。

＊引退会見で、一言一言をかみしめるように話す彼の言葉が心に響いた。

心《こころ》を奪《うば》われる

物や人に強く引きつけられて、夢中になる。他のことに関心がなくなるほど、心が引きつけられる。

＊ガラス越しの猫たちに心を奪われ、思わず猫カフェの扉を押した。

心留《こころと》まる

あるものに強く心が引きつけられる。気にかかる。また、あきらめきれない気持ちになる。古語。

＊妙《たえ》なる琴の調べに心留まり、誰が弾くのかと興味をそそられた。

心急《こころせ》く

物事を早く進めようと、気持ちが焦る。早くしようとして、気がはやる。気がせく。

＊身内の事故の知らせを受け、心急くままに病院に向かったのだった。

心《こころ》ここに有《あ》らず

他に気になることがあって、目の前のことに集中できない様子。上の空。＊今ごろ家族はキャンプかと思うと、休日出勤しても心ここにあらずだ。

心《こころ》時雨《しぐ》る

物悲しさを感じて、涙が出そうになる。和歌の言葉。「時雨る」は、時雨が降る、涙する意味。＊独り晩秋の空を眺めていると、心時雨れる思いにとらわれる。

心のことば

思いやる

オモイヤル

心《こころ》を砕《くだ》く

あれこれと考えたり心配したりする。いろいろと気遣いする。気をもむ。苦心する。

＊教師だった父は、定年後も非行少年の健全育成に心を砕いてきた。

心行《こころゆ》くまで

十分に満足して思い残すことがなくなるまで。気が済むまで。思う存分。

＊海の見える部屋に泊まり、壮大な景色を心行くまで楽しんだ。

心《こころ》を致《いた》す

その点に関心を向ける。注意する。また、そのことに心を尽くす。誠意を込める。

＊世界が非核化の方向に向かっていることに心を致すべきである。

心苦《こころぐる》しい

相手にすまない気持ちがして、辛い。申し訳ない気持ちになる。気の毒に思う。心が痛む。

＊ご馳走をいただいたうえに、お土産まで頂戴しては心苦しい限りです。

心《こころ》を寄《よ》せる

人や物に好意や愛情を抱く。思いをかける。関心をもつ。傾倒する。
＊輝くような姫君に心を寄せる貴公子は数え切れないほどであった。

心《こころ》が籠《こ》もる

相手を思う気持ちが十分に入っている。誠意がある。また、気配りが行き届く。
＊心がこもった寄せ書きに、目頭が熱くなった。

心《こころ》を許《ゆる》す

相手を信用して、何でも話したり、言うことを聞いたりする。気を許す。打ち解ける。
＊幼なじみの彼は、中学で心を許せる唯一の友だ。

心無《こころな》い

相手の気持ちを考えず、傷つける様子だ。また、じっくり注意深く考えることがない。
＊ネット上で、弱い立場の人に対する心ない書き込みが問題化した。

気のことば

気

＊

気《き》が紛《まぎ》れる

他に関心を向けることで、緊張感や不快な気持ちが一時的になくなる。

＊人間関係に悩んでいた頃も、掃除をしていれば気が紛れたものだった。

気《き》が軽《かる》い

悩みがなく、気持ちに負担がなくて楽だ。気持ちが軽い。また、悩まずに行動する様子だ。

＊自分の迷いを親しい友人に聞いてもらうと、気が軽くなった。

気《き》が張《は》る

気持ちが引きしまる。緊張していて心にゆとりがなくなる。

＊初出社で気が張っていたせいか、家に帰ると疲れがどっと出てしまった。

気《き》が引《ひ》ける

やましいことなどがあって引け目を感じる。遠慮したい気持ちになる。気後れする。
＊日本一多忙といわれる学者に、講演をお願いするのは気が引ける。

気《き》が散《ち》る

他に気になることがあり、一つのことに集中できない。注意散漫になる。
＊図書館の外から宣伝カーの音声が聞こえ、気が散ってしかたがない。

気《き》が滅《め》入《い》る

憂鬱な気分になり、ふさぎ込む。嫌なことがあって気持ちが沈む。元気がなくなる。
＊悪いニュースばかりで気が滅入るので、テレビのチャンネルを変えた。

気《き》が詰《つ》まる

窮屈に感じて気が抜けない。人や雰囲気などに圧迫されたように感じる。息苦しくなる。
＊所長のことは好きだが、向かい合って食事をするのは気が詰まるものだ。

気《き》が立《た》つ

緊張や不満、不安などで気持ちが高ぶっていら立つ。いらいらして攻撃的になる。興奮する。
＊原稿の締め切りが近いせいで、作家は次第に気が立ってきた。

「うれしい」「楽しい」のようなプラスの気持ちを表す形容詞は少ない、と言うと、「ほかにもありますよ」という反応があるかもしれません。

　たとえば、「明るい」は「明るい気持ち」のように使います。ほかに「温かい」「新しい」「美しい」「優しい」「みずみずしい」など多くの語が、気持ちの形容に使えそうです。

　でも、これらは、自分の気持ちを表してはいないのです。「うれしい」は、「私は今、うれしい」のように、自分の今の気持ちを表すことができます。一方、「私は今、明るい」と言うと、何か変な感じです。意味の通る日本語になっていません。

　このことから、形容詞には、自分の気持ちを表せるタイプと、そうでないタイプがあることが分かります。

　自分の気持ちを表せない形容詞はいろいろあります。「広い」「明るい」「温かい」「新しい」など、ものの特徴を客観的に表すものや、「美しい」「みずみずしい」「優しい」など、多少、自分の評価を交えて表すものがあります。これらは、「私は今、～い」とは言いにくいのが特徴です。

　一方、自分の気持ちを表す形容詞もさまざまです。「うれしい」「楽しい」「面白い」「悲しい」「寂しい」「苦しい」……。どれも「私は今、～い」と言えるのはもちろんです。

　2つのタイプの形容詞は、ときに紛らわしいこともあります。それぞれをはっきり区別して、うまく使い分けるのが、感情表現のコツです。

COLUMN 3
自分の気持ちを表しているか!?

第2部

気持ちを表す555のことば

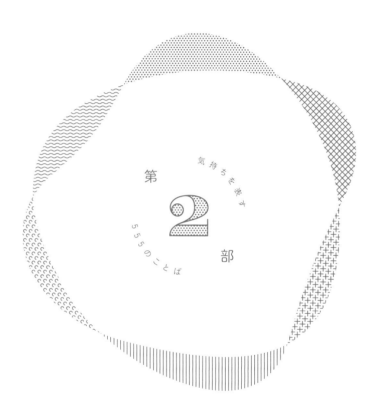

状態・様子のことば

落ち着いた

オチツイタ

悠然《ゆうぜん》

物事に動じないで、落ち着いている様子。ゆったりとした様子。悠々。

＊いたずらが仕掛けられているのを知りながら、担任教師は悠然と教室に入ってきた。

平然《へいぜん》

何もなかったかのように落ち着きはらってあわてない様子。いつも通りで、平気な様子。

＊どんな証拠を突きつけられても、容疑者は平然としていた。

泰然自若《たいぜんじじゃく》

落ち着いていて、どんなことにも動じない様子。「泰然」「自若」ともに、落ち着いている、動じないという意味。

＊主将はいつも泰然自若としていて頼りになる。

悠々《ゆうゆう》

ゆったりとして落ち着いている様子。十分に余裕がある様子。また、はるか遠い状態や、限りなく続く状態。

＊老夫婦は田舎で悠々と暮らしていた。

平気《へいき》

落ち着いていて穏やかな気持ち。また、物事に動じない状態。心に動揺がない状態。

＊深い雪の中でも、シェパードは平気な様子で走り回っている。

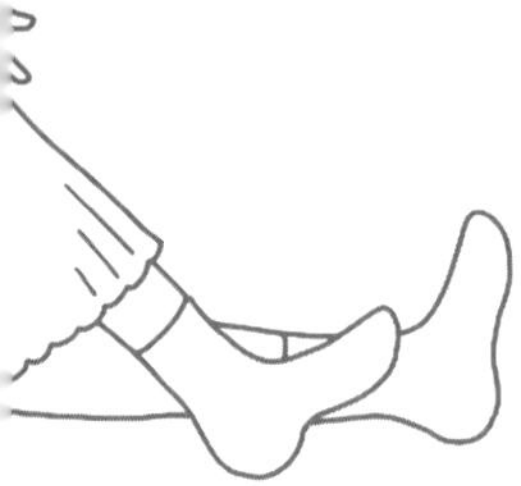

安《やす》らか

穏やかで変わりがなく、無事な様子。心配や悩みが何もない様子。また、眠りが静かな様子。
＊森の中の王女は、安らかな顔で眠っていた。

和《なご》やか

物柔らかな様子。打ち解けて穏やかな様子。「にこやか」と読む場合は、にこにこと笑顔を浮かべる様子も指す。
＊祝賀パーティーは和やかに進行していった。

物《もの》に動《どう》じない

物事に対して気持ちがぐらついたりあわてたりしない。落ち着きはらって肝がすわっている。
＊生意気なやつだが、物に動じない態度は立派だ。

状態・様子のことば

落ち着かない

オチツカナイ

齷齪《あくせく》

小さなことや目先のことにこだわる様子。心にゆとりがなく、忙しそうにしている様子。
＊マイホームを建てることが夢で、毎日あくせくと動いている。

うろうろする

同じような所を、行ったり来たりする。目的がなかったり、わからなかったりするときの行動。
＊友人との約束の時間まで、駅のまわりをうろうろしていた。

まごまごする

どうしたらいいかわからず、あわてるあまり、ぼんやりしたり、むだな動きをしたりする。
＊道に迷って、まごまごしているうちに、すっかり暗くなってしまった。

そわそわする

気持ちや動作が落ち着かなくなる。態度が気ぜわしくなる。
＊高校の合格発表を前に、家族はみんなそわそわしていた。

おたおたする

突然の出来事で驚いてうろたえる。相手に気おされて、何もできなくなる。
＊剣豪に踏み込まれて、用心棒たちはただおたおたするばかりだった。

こせこせ

細かなことに気をとられて、落ち着きやゆとりがない様子。また、狭い場所でゆとりがない様子。
＊目先のことだけを考えて、こせこせ働く人生はごめんだと思う。

ざわざわする

胸騒ぎがして、落ち着かない気持ちになる。また、人々が集まって、話し声などで騒がしくなる。
＊横断歩道を渡る人々の中に昔の恋人を見つけ、心がざわざわした。

手《て》持《も》ち無《ぶ》沙《さ》汰《た》

何もすることがなくて、退屈な様子。時間をもてあまして、間がもたない様子。
＊レストランでは店員たちが手持ち無沙汰に客を待っていた。

状態・様子のことば

平気な様子

ヘイキナヨウス

あっけらかん

あまり気にせずけろっとしている様子。本来は、驚きあきれて、ぽかんとしている様子。
＊ミスをしてもあっけらかんとしている新入りには困ったものだ。

いけしゃあしゃあ

憎たらしいほどに平然としている様子。非常にあつかましい様子。「いけ」は、ののしる接頭語。
＊前の借金も残っているのに、いけしゃあしゃあと金を借りに来た。

事《こと》も無《な》げ

何事もないかのように平気な様子。とても簡単で、訳もないという様子。
＊誰もわからなかった問題を、クイズ王は事もなげに解いてしまった。

何食《なにく》わぬ顔《かお》

まるで何も知らないような、すました顔。自分には関係ないことのようにふるまう様子。
＊浮気をしながら何食わぬ顔で恋人と会っていたなんて許しがたい。

無頓着《むとんちゃく》

物事を気にかけないこと。平気なこと。「むとんじゃく」とも読む。
＊服装に無頓着だった兄が、社会人になってから急におしゃれになった。

けろり

何事もなかったように平然としている様子。また、跡形もなく、すっかり消えてなくなる様子。
＊虫歯を治してもらい、痛かったのがうそのようにけろりとしている。

平気《へいき》の平左《へいざ》

少しも気にしていないこと。「平気の孫左衛門」の略。平気なことを語呂合わせで人の名前のようにいった言葉。
＊これぐらいのけがは平気の平左だ。

恬然《てんぜん》

道理に反していても、こだわらずに、のんびりと安らかな様子。
＊作曲家は、盗作がばれても恬然として恥じるところがなかった。

状態・様子のことば

すっきりする

スッキリスル

晴《は》れ晴《ば》れする

心にわだかまりがまったくなく、気持ちがすっきりする。また、空が晴れ渡る。

＊嫌なことがあっても、洗濯をすると晴れ晴れした気持ちになる。

清々《せいせい》する

煩わしいことがなくなり、気持ちがさっぱりする。気持ちが晴れる。

＊昔の手紙や写真を全部焼き捨てて、せいせいした気持ちになった。

吹《ふ》っ切《き》れる

心の中のわだかまりや、迷いがなくなり、気持ちよくなる。それまでの気持ちが切り替わる。

＊責任を押しつけられて会社を辞めたが、今はすっかり吹っ切れた。

さっぱりする

不快な気持ちやわだかまりがなくなり、すっきりする。また、味が淡白である。

＊告白して振られてしまったあと、泣きたいだけ泣いたらさっぱりした。

気《き》が晴《は》れる

気分がすっきりする。鬱屈していた気持ちが、晴天のようにきれいになる。

＊親友に仕事の愚痴をたっぷり聞いてもらって、ようやく気が晴れた。

溜飲《りゅういん》が下《さ》がる

それまであった不満や恨みが解消して、気持ちが晴れる。胸の中がすっきりする。

＊地元の弱小サッカー部が強豪チームに圧勝し、大いに溜飲が下がった。

胸《むね》がすく

心が晴れやかになり、さっぱりとする。胸のつかえが取れてせいせいする。
＊代打で出場した選手が、胸がすくような豪快なヒットを飛ばした。

すかっとする

すっきりとして気持ちがよくなる。心のつかえが取れて、さわやかな気分になる。
＊むしゃくしゃしているときも、アクション映画を見ればすかっとする。

状態・様子のことば

はっきりしない

ハッキリシナイ〈1〉

あやふや

物事がはっきりしない様子。頼りなくぼんやりとしていて、判断がつかない様子。

＊あやふやな知識で中学生の勉強を見てあげるのは心もとない。

不明瞭《ふめいりょう》

はっきりと見えない様子。物事が明らかでなく、曖昧な様子。

＊クライアントの指示が不明瞭で、何を求められているのかわからない。

有《う》耶《や》無《む》耶《や》

物事があるのかないのか、はっきりしないこと。元は擬態語で、「有耶無耶」は当て字。

＊プロジェクトが失敗した原因をうやむやにしてはいけない。

曖昧《あいまい》

態度や物事が不明瞭で、はっきりしない様子。疑わしく怪しい様子。

＊店長に時給を上げて欲しいと希望しているが、ずっと曖昧な言葉でごまかされている。

宙《ちゅう》ぶらりん

空中にぶら下がっている状態。また、物事がどっちつかずで中途半端のままである様子。
＊結婚するかどうか、宙ぶらりんな気持ちのままで二年も交際している。

もやもやする

もやがかかったように、ぼんやりとして見えなくなる。心にわだかまりがあり、すっきりしない。
＊演出家の理不尽な指示が、俳優の心をもやもやさせていた。

漠《ばく》然《ぜん》

物事の全体像が見えず、ぼんやりとしてはっきりしない様子。つかまえどころのない様子。
＊卒業が近くなった頃から、将来に漠然とした不安を抱き始めた。

何《ど》方《っち》付《つ》かず

どちらとも決められず、中途半端な様子。賛成、反対などの態度を示さず、はっきりしない様子。
＊市長は支持派と反対派の双方にどっちつかずの態度を取り続けた。

状態・様子のことば

はっきりしない

ハッキリシナイ〈2〉

覚束《おぼつか》ない

ぼんやりとしてしっかりしない。頼りない。また、うまくいきそうもない。

＊十分な体力と気力がなければ、成功はとてもおぼつかない。

煮《に》え切《き》らない

ぐずぐずして態度がはっきりしない。中途半端な気持ちや考えでいる。

＊交渉相手の煮え切らない態度に、思わず声が大きくなってしまった。

捉《とら》えどころがない

判断する手がかりや理由がない。よりどころ、つかまえどころがない。

＊うちの猫は捉えどころがない性格で、日ごろから振り回されている。

掴《つか》み所《どころ》がない

物事の本質や大事な部分を知る手がかりがない。また、性格や本性がよくわからない。

＊取引先の担当者は感情を表に出さず、つかみどころがなくてやりにくい。

不得要領《ふとくようりょう》

要領を得ない様子。大事な点がはっきりせず、納得できない様子。
＊目撃者の証言はまことに不得要領で、事実関係がよくわからない。

得体《えたい》が知《し》れない

人や物事の本当のところがわからない。正体や実態が見えない。
＊森の奥深くにある湖には、昔から得体が知れない生き物がいると伝えられてきた。

踏《ふ》ん切《ぎ》りがつかない

思い切って心を決めることができない。決断できない。
＊友人に励まされても、生まれた町を出て行く踏ん切りがつかなかった。

優柔不断《ゆうじゅうふだん》

物事がはっきり決められず、ぐずぐずしている様子。決断が鈍い様子。
＊昔から優柔不断な性格で、周囲の意見に左右されてばかりいる。

状態・様子のことば

涙を流す

ナミダヲナガス

しくしく

小さく鼻をすすりながら泣く様子。また、歯・腹などにそれほど強くない痛みが続く様子。

＊わかってもらえないことが悔しくて、つい、しくしくと泣けてしまう。

ぽろぽろ

小さな粒が続けてこぼれ落ちる様子。涙が後から後から落ちる様子。「ぼろぼろ」より軽い程度。

＊ドラマでいじめられる子役に同情して、涙がぽろぽろ出てきた。

めそめそ

声を出さずに弱々しく泣く様子。また、意気地がなく、すぐに泣いたり悲しんだりする様子。

＊遅刻して叱られたあと、いつまでもめそめそしていた。

おいおい

悲しみや絶望で、大きな声を出して激しく泣く様子。古く、平安時代からある擬声語。

＊夫婦げんかの末に、夫はおいおいと泣き出してしまった。

はらはら

木の葉などの軽いものが静かに続けて落ちる様子。また、そのように涙を流すこと。

＊辛い出来事が続き、一人になると、はらはらと涙を落とす日々だった。

さめざめ

声を立てずに、しきりに涙を流して泣く様子。また、心に染み入ることをしみじみと言う様子。

＊祖母は、早く亡くなった祖父の写真を見てはさめざめと泣いていた。

滂沱《ぼうだ》

雨や涙などが激しく流れる様子。涙がとめどなく流れ出ている様子。

＊映画が結末に近づく頃には、滂沱と流れる涙を止められなくなった。

啾啾《しゅうしゅう》

小声で力なくすすり泣く様子。物悲しさが感じられるような泣き方。

＊古戦場では、死んだ武士たちの啾啾と泣く声が聞こえるようだった。

状態・様子のことば

怖がる

コワガル

わなわな

激しい恐ろしさや怒り、興奮、寒さのために、体がぶるぶると震える様子。

＊記者に直撃されたタレントは、顔面蒼白になってわなわなと震えた。

おどおど

恐怖心や不安、また自信がないことから、心が落ち着かない様子。「おずおず」が変化した言葉。

＊呼び出された生徒は、おどおどした様子で職員室に入ってきた。

がたがた

恐ろしさや寒さを感じて体が激しく震える様子。また、その状況で歯が合わなくて鳴る様子。

＊夜道で顔のない妖怪に出合った村人は、がたがたと震え出した。

ぶるぶる

恐怖や緊張、寒さなどで、体や唇などが小刻みに震える様子。

＊山菜採りで熊に遭遇したときには、体がぶるぶると震えて動くことができなかった。

おろおろ

突然の驚きや悲しみにどうしていいかわからず、うろたえる様子。落ち着きを失っている様子。

＊苦しげに呼吸する犬の様子に、飼い主はおろおろするばかりだった。

びくびく

悪いことが起きるのではないかという不安や恐怖から、落ち着かずおびえている様子。

＊使い込みがいつばれるかと、専務はびくびくしながら過ごしていた。

恐怖《きょうふ》に包《つつ》まれる

恐ろしいと思う気持ちに支配される。心が恐ろしさでいっぱいになる。
＊爆破予告の脅迫状が公開され、国じゅうが恐怖に包まれた。

悚然《しょうぜん》

ひどく怖がり、立ちすくんで動けない様子。恐怖でぞっとして身動きが取れない様子。
＊森の中は薄暗く、訪れた者を悚然たらしめる雰囲気があった。

状態・様子のことば

小言と言い訳

コゴトイイワケ

ぶうぶう

文句や不平不満、小言をさかんに言う様子。英語の「ブーイング」と似る。

＊飛行機が大幅に遅れ、待たされた乗客はぶうぶう文句を言い始めた。

ぼそぼそ

低く小さい声で話す様子。沈んだ声で話す様子。また、パンなどの水気がなくなった様子。

＊電話に出た担当者は、ぼそぼそ言い訳するばかりで埒《らち》が明かなかった。

くどくど

同じことをしつこくくり返して言う様子。うるさく長々と話をする様子。思い切りが悪い様子。

＊勉強に身が入らない子どもに、ついくどくどと説教をしてしまう。

ぶつぶつ

小さい声でものを言い続ける様子。不平不満や小言を言う様子。

＊経理担当者はぶつぶつ文句を言いながらも、経費を精算してくれた。

歯《は》切《ぎ》れが悪《わる》い

ものの言い方や言葉の発音がはっきりしない。結論や態度をわかりやすい言葉にしない。
＊答弁に立った大臣は、歯切れの悪い弁明をくり返した。

しどろもどろ

自信がなくて、言葉がなめらかに出てこず、内容もはっきりしない様子。優柔不断に話す様子。
＊浮気現場をおさえられ、しどろもどろになりながら弁解した。

尖《とが》り声《ごえ》

怒っているときや不満があるときに出る、とげとげしく甲高い声。とんがり声。
＊隣家から毎日のように聞こえる尖り声に、ほとほと迷惑している。

声《こえ》にとげがある

話し方に人の心を刺すような感じがある。言葉に冷たい雰囲気や意地の悪さが感じられる。
＊教授は怒っていないと言ったが、なんとなく声にとげがあった。

気性・性質のことば

気性と性質

キショウとセイシツ〈1〉

意《い》固《こ》地《じ》

つまらないことで、かたくなに意地を張ること。「依怙地」とも書いて「えこじ」とも読む。

＊父の意固地な性格は、年を重ねるごとにひどくなっていく。

肝《きも》が据《す》わる

落ち着いていて、どっしりとしている。めったなことでは驚かず、度胸がある。

＊若くて肝が据わっているところが、知事の支持される理由だ。

さばさば

あまり物事にこだわりがなく、性格などがさっぱりしている様子。さばけている様子。

＊チームリーダーのさばさばした性格は、みんなから好かれている。

頑《かたく》な

意地を張って自分の考えや態度を変えない様子。頑固。
＊医師の熱心な説得により、かたくなだった患者も治療に同意した。

意気地《いくじ》なし

しっかりした強い心をもっていないこと。気力がなく弱いこと。また、そういう人。
＊言いたいことも言えずに別れた私は、なんと意気地なしだったことか。

気高《けだか》い

上品で尊く感じられる様子だ。気品がある様子だ。高貴だ。
＊パーティーで一人だけ凛とした気高い雰囲気をまとった女性がいた。

無邪気《むじゃき》

心が素直でいつわりや悪意がない様子。また、思慮に欠ける様子。
＊兄夫婦の赤ちゃんの無邪気な笑顔に、いつも癒やされている。

烏滸《おこ》がましい

ばかばかしく、みっともない。出しゃばりで差し出がましい。「痴がましい」とも書く。
＊先輩方を差しおいておこがましいのですが、私から一言申し上げます。

気性・性質のことば

気性と性質

キショウとセイシツ〈2〉

臆病《おくびょう》

ちょっとしたことでびくびくして怖がる様子。気が小さく、尻込みしてしまう様子。
＊臆病な私は、よほどの必要がないかぎり、飛行機には乗らなかった。

ぴかしゃか

言動に、嫌味で気取った感じがある様子。「びかしゃか」ともいう。古風で珍しい言葉。
＊御局はいつもぴかしゃかとして、女中たちから煙たがられていた。

不実《ふじつ》

誠実ではなく、誠意や親切心が欠けている様子。事実ではなくいい加減な様子。
＊恋人の不実な言動に気づき、私の心は、しだいに離れていった。

飽《あ》きっぽい

物事に対しすぐに興味を失って、嫌になってしまう様子。やることが長続きしない。
＊飽きっぽい性格のため、習い事は何でもすぐにやめてしまう。

卑怯《ひきょう》

勇気がなく、物事に正面から向かわない様子。臆病で正々堂々としていない様子。

＊卑怯な作戦を使って試合に勝っても、まったくうれしくない。

引《ひ》っ込《こ》み思案《じあん》

内気で、自分から進んで物事をやろうとしない様子。自ら行動を起こすことができない様子。

＊少年はひどく引っ込み思案で、いつも誰かの後ろに隠れていた。

厚顔《こうがん》

ずうずうしく恥知らずな様子。面の皮が厚く、厚かましい様子。鉄面皮。

＊この期に及んで辞職を拒む大臣の厚顔ぶりにはあきれてしまう。

野暮《やぼ》

人の気持ちの機微にうとく、気が利かない様子。言動や趣味が洗練されておらず、すっきりしていない様子。

＊恋人がいるかどうかを聞くなんて野暮だよ。

程度のことば

程度

テイド〈1〉

無性《むしょう》に

一つの感情が激しく起こる様子。また、あとのことを考えずに闇雲に行う様子。むやみに。
＊夜中に突然、無性に甘い物が食べたくなった。

極《きわ》めて

物事の程度がはなはだしい様子。非常に。この上もなく。
＊新設された高校は人気が高く、極めて優秀な生徒が集まった。

能《あた》う限《かぎ》り

自分の能力を最大限に使う様子。できる限り。できるだけ。
＊留学生たちは自分の学問をあたうかぎり突き詰めたいと願っていた。

全《ぜん》身《しん》全《ぜん》霊《れい》

体と心のすべて。その人がもつ体力と精神力のすべてを表す言葉。
＊隊員たちは、被災者を一刻も早く救い出そうと全身全霊を傾けた。

限《かぎ》りなく

どこまでも際限なく。きりもなく。また、程度がはなはだしく、この上ない様子。
＊夜空を見上げ、限りなく広がる宇宙に心をはせる少年時代だった。

この上《うえ》もない

これ以上はない。いちばんいい状態である。最上、最高である。
＊作品が多くの読者を得たことは、作者としてこの上もない喜びだ。

ひたすら

一つのことだけに集中している様子。また、その状態に終始している様子。いちずに。
＊天気がいいので、ひたすら自転車をこいで、海辺の町まで行った。

すこぶる

物事の程度がはなはだしい様子。たいそう。大いに。非常に。
＊大病をしたが、その後はすこぶる元気な毎日を過ごしている。

程度のことば

程度

テイド〈2〉

遮二無二《しゃにむに》

他のことを考えず、ただがむしゃらに行う様子。むちゃくちゃに。めったやたらに。

＊来る日も来る日も、しゃにむに働いていたら、体を壊してしまった。

こよなく

この上なく。特別に。古くは程度の意味だけを表したが、現代では賛美の意味合いが伴う。

＊私のこよなく愛する人形を手入れする時間が、いちばん楽しい。

露骨《ろこつ》

感情などを隠さず、むき出しにする様子。欲望などをありのまま外に表す様子。

＊先生に誤字を指摘したところ、露骨に嫌な顔をされてしまった。

甚《はなは》だしい

大変である。通常の程度をはるかに超えてひどい状態を表す。

＊味方をしてくれている仲間を批判するとは、見当違いもはなはだしい。

COLUMN 4

形と意味とが対応してる!?

形容詞は「〜い」で終わることばですが、よく観察してみると、興味深い事実に気づきます。いろいろな形容詞がある中に、「〜しい」で終わるものが多く含まれているのです。

形容詞のうち、「広い」「赤い」「明るい」「温かい」「硬い」「丸い」「甘い」「早い」「遠い」「濃い」などは、普通に「〜い」で終わっています。これらをAグループとします。

一方、「うれしい」「楽しい」「悲しい」「寂しい」「苦しい」「美しい」「みずみずしい」「優しい」「新しい」「乏しい」などは「〜しい」で終わります。これらをBグループとします。

日本語の形容詞は、古い時代から、この2つのグループに分かれていました。研究者たちは不思議に思っていましたが、あるとき、ひとりの大学生がその理由を明らかにしました。

Aグループの形容詞は、ものの性質や見た目などを表すものが大半です。一方、Bグループの形容詞は、自分の気持ちや、ものごとの主観的な見方を表すものが大半です。つまり、表す意味によって「〜い」か「〜しい」かに分かれていたのです。

2つのグループの違いは、コラム3(p.144)で述べた「自分の気持ちを表せるタイプと、そうでないタイプ」の違いと、大きく重なります。「広い」など「〜い」になる形は、気持ちを表さないものが多く、「うれしい」など「〜しい」になる形は、気持ちを表すものが多い。例外もたくさんあるのですが、形と意味とが対応しています。

行動のことば

笑う

ワラウ〈1〉

微笑《ほほえ》む

声を出さずに、にっこりと笑う。微笑する。「ほほ」は微笑を表す擬態語。
＊三位に入賞した選手に、コーチは「よくやった」と言って微笑んだ。

相好《そうごう》を崩《くず》す

にこにことした表情になる。喜びや笑いが自然に顔に表れる。「相好」は表情のこと。
＊初孫の顔を見た瞬間、老夫婦は相好を崩した。

口元《くちもと》が綻《ほころ》ぶ

口元がゆるんで、思わず笑顔になる。表情が柔らかくなる。
＊娘に応援していると言われ、口元が綻ぶのをどうしようもない。

顔《かお》を綻《ほころ》ばせる

表情のかたさが取れて、笑顔になる。「表情を綻ばせる」ともいう。
＊ツアー客たちにお礼を言われ、バスガイドは顔を綻ばせて喜んだ。

破顔《はがん》する

表情を和らげて、にっこり、または大きく笑う。「破顔一笑」とも。

＊ご無沙汰のおわびに日本酒のびんを差し出すと、先生は破顔した。

嘲笑《あざわら》う

ばかにしたように笑う。せせら笑う。嘲笑する。大声で笑う意味もあった。

＊本当に能力のある人物は、人の失敗をあざ笑ったりしないものだ。

笑壺《えつぼ》に入《い》る

思い通りになったり、得意になったりして思わず笑みを浮かべる。うれしくて笑い出す。

＊都合のいい計画を考えて、一人笑壺に入る。

冷嘲《れいちょう》する

冷たくあざけり笑う。突き放したり、見下したりするように笑う。

＊作者は当時の支配層の愚かさを痛烈に冷嘲し、風刺している。

笑う

ワラウ〈2〉

ほくそ笑《え》む

思った通りになって、満足して一人ひそかに笑う。一人でにやにやする。

＊盗賊のかしらは、豪商から巻き上げた小判を手に、ほくそ笑んだ。

腹《はら》を抱《かか》える

おかしいことに我慢ができずに大笑いする。「腹を捧ぐ」ともいう。

＊甥っ子が次々におもしろい顔を見せるので、私は腹を抱えて笑った。

笑《わら》いこける

転がりそうなほど姿勢をくずして、大笑いする。笑い転げる。

＊新人の漫才コンビのネタをテレビで見て、苦しくなるほど笑いこけた。

哄笑《こうしょう》する

大きな口を開けて笑う。大きな声で笑う。高笑いをする。

＊落語家のテンポのいい話術に、客席を埋めた人々はどっと哄笑した。

抱腹絶倒《ほうふくぜっとう》

腹をかかえて倒れそうになるぐらい大笑いする様子。笑い転げる様子。

＊名優は少しも表情を変えずに、抱腹絶倒ものの動作をしてみせた。

莞爾《かんじ》とする

にっこりとほほえむ。満面の笑みを浮かべる。「爾」は状態を表す助辞。

＊将来は科学者になりたいと言う小学生を前に、老教授は莞爾として笑っていた。

脂下《やにさ》がる

得意な顔でにやにやする。キセルの首を上げて吸う格好から。ヤニが吸い口に下がってしまう。
＊芸者たちにお世辞を言われ、ヤニ下がっている若旦那はみっともない。

腹《はら》の皮《かわ》が捩《よじ》れる

おかしくて笑いが止まらない。おなかが痛いほど笑ってしまう。
＊仲間とくだらないことを言い合っては、腹の皮がよじれるほど笑った。

泣く

ナク〈1〉

目頭《めがしら》が熱《あつ》くなる

深く感動して、目に涙が浮かんでくる。じんときて涙が出そうになる。
＊町の復興に尽力した人たちの苦労をしのぶとき、思わず目頭が熱くなるのを覚える。

目《め》が潤《うる》む

涙が出そうになる。目に涙が浮かぶ。涙がにじむ。涙ぐむ。
＊引退ライブで歌うアイドルの目が潤んでいたのを見て一緒に泣いた。

慟哭《どうこく》する

悲しみに我慢ができずに、大声をあげて泣く。号泣する。
＊親と慕う恩師の訃報に、教え子は人目もはばからず慟哭した。

嗚咽《おえつ》する

声をつまらせて泣く。のどを鳴らして泣く。むせび泣く。
＊傷ついた兵士を演じる俳優の台詞に、客席から嗚咽する声が漏れた。

声《こえ》が潤《うる》む

今にも泣き出しそうな声になる。悲しくて声が震え、涙声になる。
＊幼い私に、苦労した昔の話を語るうち、祖母の声が潤んできた。

涙《なみだ》に咽《むせ》ぶ

のどがつまるほど泣く。息がつまって声が出ないほど、泣きに泣く。
＊奇跡の優勝を遂げた横綱が、インタビューを受けながら涙に咽んだ。

泣《な》き崩《くず》れる

激しく泣きながら、その場に体をくずす。激しく取り乱しながら泣く。
＊遺族たちは、一年ぶりに事故現場に足を運んで泣き崩れた。

涕泣《ていきゅう》する

涙を流して静かに泣く。すすり泣く。同じ読みの「啼泣」は、声を上げて泣くことを表す。
＊一夜を共に過ごした女が幻だったと知り、若い貴族はただ涕泣した。

行動のことば

泣く

ナク〈2〉

泣《な》き沈《しず》む

深く悲しんで、気持ちが沈み込むように泣く。泣き伏す。

＊命を賭けた恋を失って、歌人は身も世もあらず泣き沈んだ。

すすり泣《な》く

声を出さずに、息をすすり上げるようにして泣く。涕泣する。

＊古い井戸の中から、夜な夜な、すすり泣くような声が聞こえる。

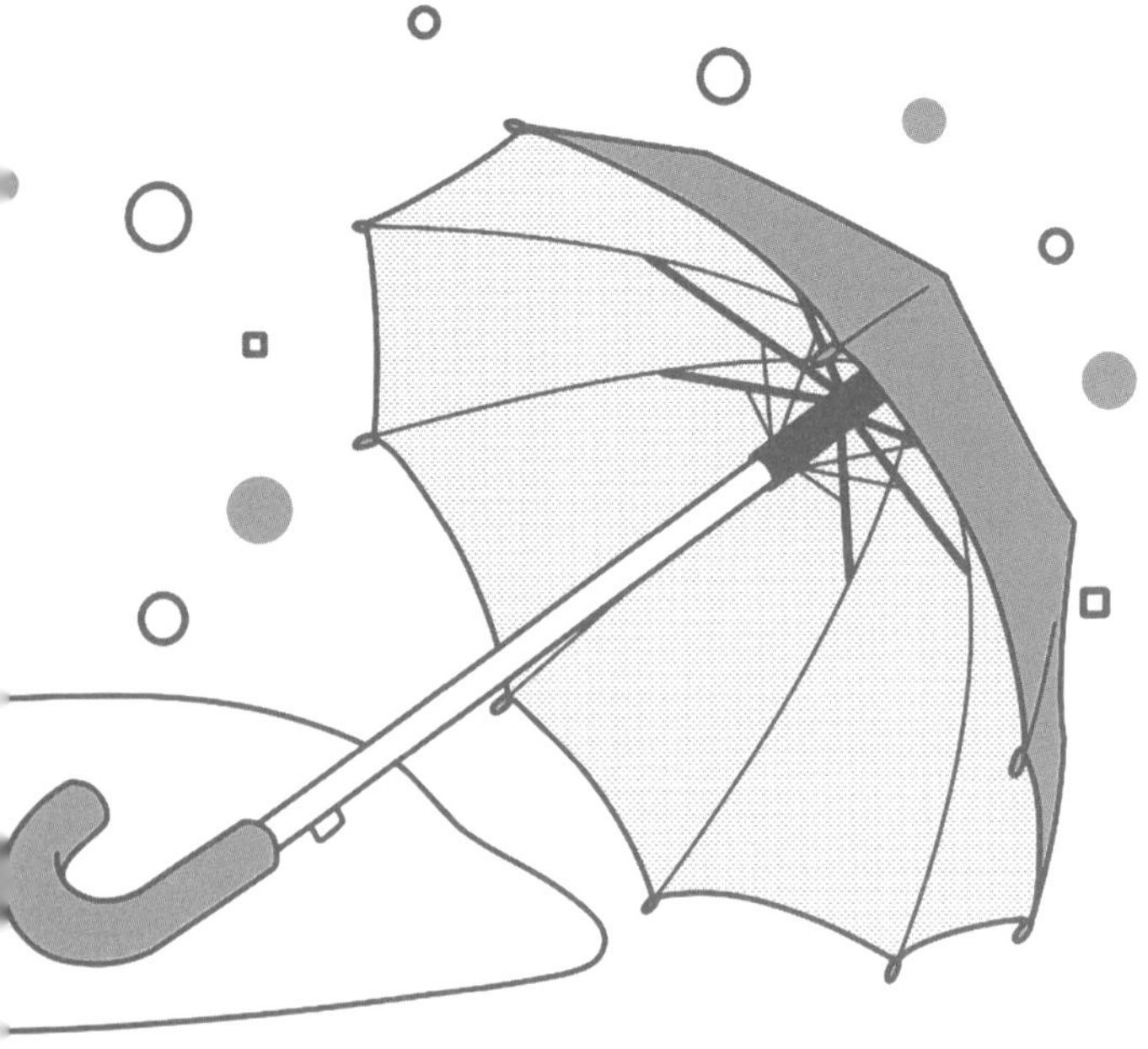

泣《な》き伏《ふ》す

悲しみのあまり、体をうつぶせにして泣く。伏して泣く。

＊手紙の返事を読み終えると、少女はベッドにわっと泣き伏した。

忍《しの》び泣《な》く

他の人に知られないように、そっと泣く。声を抑えて泣く。

＊追憶の中に浮かぶ彼の面影を慕っては、人知れず忍び泣いた。

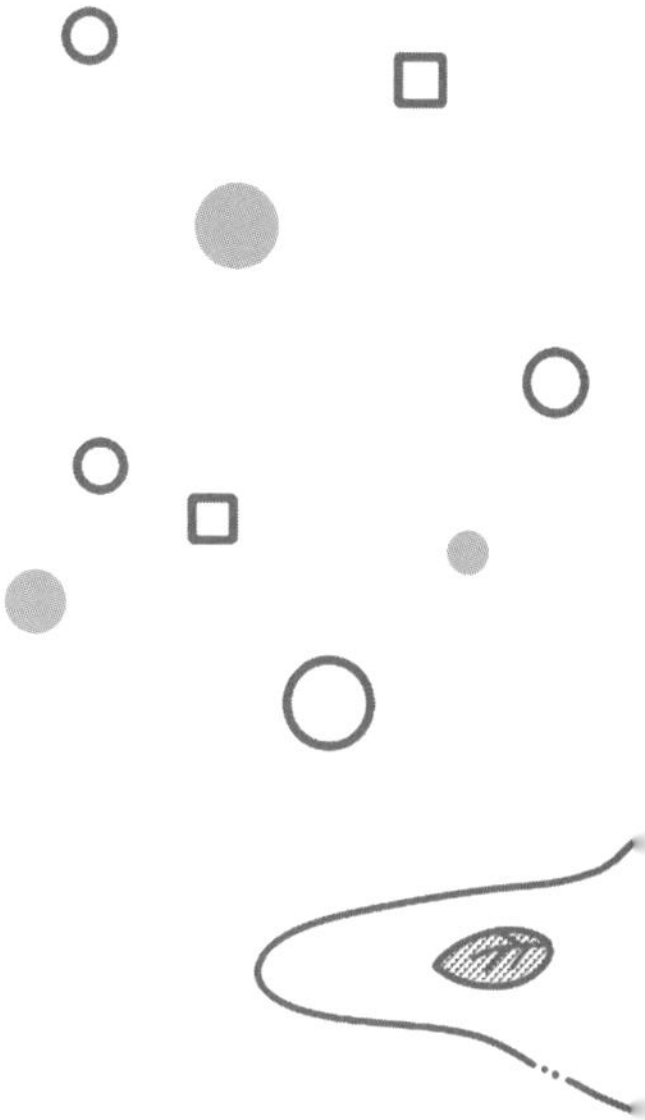

袖《そで》を絞《しぼ》る

涙でぬれた着物の袖を絞るほど、たくさんの涙を流して泣く。ひどく悲しんで泣く。

＊主君の最期を聞いて、家来たちは誰もが涙を流し、袖を絞った。

血《ち》の涙《なみだ》を流《なが》す

怒りや悲しみの感情が度を超えて、涙があふれ出る。血涙を流す。

＊不実な相手を恨み、衣が紅色に染まるかと思うほど血の涙を流した。

むずかる

小さい子どもなどが、機嫌を悪くして、泣いたり、不平を示したりする。すねて泣く。

＊昼寝をしなかったからか、赤ちゃんは夕方にむずかり始めた。

枕《まくら》を濡《ぬ》らす

寝るときにまで辛さや悲しさがあふれてきて、寝床の中で涙を流す。

＊恋人に会えない日々、さびしさに枕を濡らすこといくたびであったか。

行動のことば

見る

ミル〈1〉

目《め》を背《そむ》ける

ひどい様子などを見ていられなくて、視線をそらす。関わることを避けようとする。

＊記録映画のあまりにも悲惨な場面を見て、私は思わず目を背けた。

目《め》を付《つ》ける

特別に注意や関心を向ける。見当をつける。目星をつける。

＊警察官は現場近くにいた怪しい男に目をつけて、行動を追っていた。

目《め》を見開《みひら》く

目を大きく開けて見る。驚きで目を開いてじっと見る。

＊目の前に広がる雲海の見事さに、登山者たちはみな目を見開いた。

見守《みまも》る

目を離さず、無事であるように注意しながら見る。なりゆきを、気をつけながら見つめる。
＊子どもたちがプールで安全に遊べるよう見守るのが監視員の仕事だ。

目《め》を奪《うば》われる

不思議なもの、美しいものなどを見て、心をとらわれる。そちらに関心を引かれて見つめる。
＊オーディションを受けた男のパントマイムに、演出家は目を奪われた。

見惚《みほ》れる

対象をうっとりと見入る。ほれぼれと見る。見とれる。少し古い言葉。
＊職人が丹精を込めた盆栽は、誰もが見惚れるほどの傑作だった。

目《め》の敵《かたき》にする

憎んで敵視する。何かというと意識して、憎らしく思う。
＊商店街の二軒のラーメン店は、お互いを目の敵にして張り合っている。

瞥見《べっけん》する

短い時間でさっと一通り目を通す。ざっと見る。概略を見る。
＊上司は提出した書類を瞥見すると、問題点を次々に指摘し始めた。

行動のことば

見る

ミル〈2〉

ぱちくりさせる

驚いたりあきれたりして、何度も大きくまばたきをする。
＊面接でいきなり歌い始めた学生に、試験官は目をぱちくりさせた。

見入《みい》る

一つの物事に集中して見る。じっと見つめる。見とれる。
＊息子は大好きなアニメ番組に見入って、返事もしなかった。

凝視《ぎょうし》する

じっと目をこらして見つめる。一つの対象に驚きや興味をもって見入る。
＊ロケット発射の瞬間、指令棟の職員たちは息をつめて画面を凝視した。

睨《にら》み付《つ》ける

じっと恐ろしい目つきで見る。怒りをふくんだ目で、相手を激しくにらむ。
＊電車内で足を踏まれ、相手をにらみつけたが、知らんぷりされた。

上目遣《うわめづか》い

顔を上げずに、目だけ上を向けて見ること。また、そういった目つき。
＊警察官を上目遣いに見ながら、スリの親玉は言い訳を始めた。

目《め》移《うつ》りする

他のものを見て、ついそちらにも心が引かれる。あれこれ見て、気持ちが迷う。
＊ショーウィンドウのケーキはどれもおいしそうで、つい目移りする。

目《め》を見合《みあ》わせる

お互いに相手の目を見る。感情を通わせるときや、お互いに驚きあきれたときなどの表情。
＊学生結婚するつもりだという娘の宣言に、両親は目を見合わせた。

虎視眈々《こしたんたん》

じっと機会を狙い、隙をうかがう様子。虎が鋭い目で獲物を狙う様子からできた言葉。
＊ライバル企業はどこも、アジアでの市場を虎視眈々と狙っている。

行動のことば

声に出す

コエニダス〈1〉

二つ《ふた》返事《へんじ》

依頼に対して簡単にすぐ承知すること。「はいはい」という二回の返事。
＊母校から講演の依頼を受けて、私は二つ返事で出かけて行った。

愚痴《ぐち》をこぼす

言ってもどうしようもないことを、くどくどと言って嘆く。文句を言う。
＊カウンターの隅で、常連客の男がバーテンに愚痴をこぼしている。

唸《うな》る

苦しいときや力を入れたときなどに、低い声を出す。とても感心したときに、つい声が出る。
＊小学生が書いたとは思えないほど繊細な文章に、審査員たちは唸った。

歓呼《かんこ》する

喜びのあまり大きな声を張り上げる。称賛の声を上げる。
＊帰国した選手団を迎えた群衆の中から、歓呼する声が次々に上がった。

呻《うめ》く

痛みや苦しさなどで低い声をもらす。古くはため息をつく意味も。
＊ボールがみぞおちに当たった打者は、痛みに耐えかねたように呻いた。

ぼやく

ぶつぶつと文句や不平不満、泣き言を言う。また、小言を言う。
＊仕事が辛いとぼやいていた同僚が、転職して生き生きと働いている。

弱音《よわね》を吐《は》く

もうだめだ、などと意気地のないことを言う。弱気になって言う。
＊ストレスや不安を感じたときには、ため込まずに弱音を吐いてもいい。

惚気《のろけ》る

自分の恋人や結婚相手などとの仲を、人前でうれしそうに話す。
＊新婚の先輩はいつも惚気てくるので困るが、幸せそうで結構だ。

行動のことば

声に出す

コエニダス〈2〉

嘆声《たんせい》をもらす

嘆いたり感心したりしたときに思わず声が出る。ため息をつく。
＊寿司職人の見事な包丁さばきに、思わず嘆声をもらす。

歓声《かんせい》をあげる

喜びのあまり叫び声をあげる。喜びに満ちた声を出す。
＊逆転ゴールが見事に決まり、サポーターたちは歓声をあげた。

声《こえ》を荒《あら》らげる

荒っぽい口調になって言う。語気を荒く強める。「あらげる」とも。
＊討論会は途中から混乱し、声を荒らげる者も出てきた。

黄色《きいろ》い声《こえ》

女性や子どもが出すような、甲高い声。うるさく感じるような高い声。
＊ハリウッドスターが登場すると、女性ファンたちは黄色い声を上げた。

声《こえ》を弾《はず》ませる

うれしくてうきうきした気分が表に出るように話す。調子づいて話す。
＊クリスマス会が近づき、園児たちは「サンタが来る」と声を弾ませた。

声《こえ》を曇《くも》らす

心配や悲しみが感じられる声の調子になる。声が暗くなる。
＊飼い猫がもう二日も行方不明だと言って、おばあさんは声を曇らせた。

猫《ねこ》撫《な》で声《ごえ》

猫がなでられたときに出すような、わざと甘えた声。機嫌を取るような媚びる声。
＊金回りがよくなった学生に、友人たちは猫なで声で飯をたかった。

罵声《ばせい》を浴《あ》びせる

相手に対して口汚い悪口を大きな声で言う。罵り、怒鳴りたてる。
＊公害企業の弁護人に対し、傍聴席からは罵声を浴びせる者もいた。

行動のことば

喜びのあまり

ヨロコビノアマリ

手舞足踏《しゅぶそくとう》

うれしさや高揚感が身振り手振りとなって表れること。手は舞い、足は踊り出すという意味。
＊自作の短歌が新聞に載り、まさに手舞足踏といったうれしさであった。

欣喜雀躍《きんきじゃくやく》

まるでスズメが跳ねるように、小躍りして喜ぶ様子。大喜びする様子。
＊特許が無事認められ、研究所員たちは欣喜雀躍せんばかりに喜んだ。

小躍《こおど》り

跳び上がる勢いで喜ぶ様子。踊るほどうれしい様子。「雀躍」とも書く。
＊夕食がハンバーグだと聞き、子どもたちは小躍りして喜んでいる。

随喜《ずいき》の涙《なみだ》

ありがたいと喜んで、そのあまりにあふれ出る涙。ありがた涙。

＊博物館にはマニアが随喜の涙を流すような珍しい切手がいっぱいだ。

燥《はしゃ》ぐ

調子に乗って、ふざけて騒ぐ。浮かれて騒ぐ。

＊修学旅行に出発したバスの中で、生徒たちはさっそく声を上げてはしゃいでいた。

狂喜乱舞《きょうきらんぶ》

夢中になって踊るほど大喜びする様子。小躍りするほどの喜び。

＊ラグビー王国と呼ばれる強豪国に日本チームが競り勝ち、観客たちは狂喜乱舞した。

呵々大笑《かかたいしょう》

大きな声でからからと笑う様子。「呵々」は口を大きく開けて笑うことを意味する。

＊親友とはたまに酒を飲み、呵々大笑して別れるという付き合い方だ。

抃舞《べんぶ》する

喜びのあまり、手を打ち鳴らして踊る。喜んで手を打って舞う。歓喜抃舞。

＊敵陣が総くずれとの知らせを受け、将軍は内心で抃舞する思いだった。

行動のことば

聞く・聴く

キク

聴《き》き入《い》る

じっと耳をすまし、注意深く聞く。耳を傾けて熱心に聞いている。
＊先生の演奏するピアノの音色に、児童はじっと聴き入っていた。

耳障《みみざわ》り

音声や話の内容などが、うるさく、また不愉快に感じられる様子。
＊言葉の最後に、やたらに「思います」を連発するのは耳障りだ。

聞《き》き惚《ほ》れる

音や声をうっとりとした気持ちで聞く。その音声に心酔する。
＊ミュージカルの主役の歌声は、思わず聞き惚れるほど絶品だった。

聞《き》き捨《す》てる

誘いや助言などの言葉を、そのまま放っておく。聞いても心にとめないでおく。聞き流す。
＊個人的な意見を申しましたが、必要がなければ聞き捨ててください。

聞《き》き過《す》ごす

いい加減に聞いて、話の内容を意識しないでいる。身を入れずに聞く。聞き漏らす。
＊日ごろ、大事な情報を見過ごし、聞き過ごすことは意外に多いものだ。

傾聴《けいちょう》する

相手に耳を傾けて、熱心に聞き入る。相手のことを否定せずただ聞く。
＊シンポジウムでの専門家の発言は、傾聴すべき点がとても多かった。

聞《き》いて呆《あき》れる

聞いて言葉を失う。また、発言と実態が大きく違って、ばからしくなる。
＊世界一の品質が聞いて呆れるほど、ひどい製品を買わされてしまった。

耳《みみ》をそばだてる

聞こうとして音のするほうに耳を向けて、集中する。耳を澄ます。
＊美しい歌声がどこから聞こえるのかと、耳をそばだて、目で探した。

行動のことば

慌てる

アワテル

あたふたする

突然の状況などに対処しようとしてあわてる。「あたふた」は、あわてふためく様子を表す。
＊来客の時間を勘違いしていたので、呼び鈴が鳴ってあたふたした。

泡《あわ》を食《く》う

ひどくびっくりしてあわてる。驚いてうろたえる。「泡」は「あわてる」の「あわ」にかけている。
＊防犯ブザーが響きわたり、侵入者は泡を食って逃げて行った。

度《ど》を失《うしな》う

ひどく狼狽して、ふだんの落ち着きをなくす。あわてて心の平静を失う。
＊リベートを受け取っていた事実を指摘され、事務長は度を失った。

面食《めんく》らう

予想外で訳がわからず、まごつく。急なことにあわてて戸惑う。
＊初対面のはずの人に「お久しぶりです」と声をかけられ、面食らった。

狼狽《うろた》える

不意を打たれ、あわててまごまごする。驚き取り乱す。「うろ」は「うろうろ」と同じで擬態語。
＊プレゼンの直前、資料の数字が違うことに気づいてうろたえた。

狼狽《ろうばい》する

突然の出来事にあわてふためく。どうしてよいか戸惑い、まごまごする。
＊選挙情勢が予想よりも厳しいことが判明し、党幹部らは狼狽した。

取《と》り乱《みだ》す

思わぬ出来事に遭遇して心の落ち着きを失う。心の平静さを失って見苦しいふるまいをする。
＊妃の臨終に王はひどく取り乱し、おろおろ声で名を呼ぶのみだった。

倒《こ》けつ転《まろ》びつ

倒れたり転がったり。それほどにあわてふためいて走る様子をいう。
＊やっとたどり着いた山小屋に熊がいて、こけつまろびつ逃げ出した。

行動のことば

態度が大きい

タイドガオオキイ

驕慢《きょうまん》

おごり高ぶり、他の人を見下す様子。勝手なことをする様子。「驕」はおごり高ぶる意。
＊驕慢な客にも笑顔で接するしかないのが、接客業の辛いところだ。

傲慢《ごうまん》

えらぶって人をばかにする様子。人を見下して礼儀を知らない様子。
＊会見での大臣の傲慢な態度は、内閣の評判を下げる原因になった。

倨傲《きょごう》

おごり高ぶり、他人を甘く見る様子。自分の力を過信して、他の人を見下す様子。
＊応対した門衛は、いやに倨傲な態度で来訪の目的をたずねた。

愚弄《ぐろう》する

他の人のことをばかにして軽蔑する。まじめに扱わない。
＊脅迫状の文面は、警察を愚弄するかのようなふざけた内容だった。

虚仮《こけ》にする

ばかにして踏みつける。「虚仮」は真実でないことを意味する仏語。
＊相手チームにここまでコケにされて、負けて帰る訳にはいかない。

鼻《はな》であしらう

相手を軽く見て、取り合わない。冷淡に扱う。
＊自作の小説を出版社に持ち込んだが、どこでも鼻であしらわれた。

人《ひと》を食《く》う

相手をばかにして、冗談のようなことを言ったりしたりする。変わった言動で相手をからかう。
＊戦後長く首相を務めた彼は、人を食った発言を多く残している。

舌《した》を出《だ》す

見えないところで舌を出すように、陰で人をばかにする。また、恥ずかしさをごまかすしぐさもいう。
＊役人たちは代議士に頭を下げながら、陰では舌を出していた。

信じる

シンジル

信《しん》じ込《こ》む

完全に信じてしまう。信じてまったく疑うことがない。

＊著名な画家の作品に似せた贋作を、若い画商は本物だと信じ込んだ。

妄信《もうしん》する

むやみやたらに信じ込む。訳もわからず、ひたすら信じる。

＊統計の数字を妄信するのではなく、根拠を確かめることが必要だ。

本気《ほんき》にする

本当のことだと思い込む。真実であると信じ込む。真に受ける。

＊私のちょっとした作り話を、同僚はすっかり本気にしてしまった。

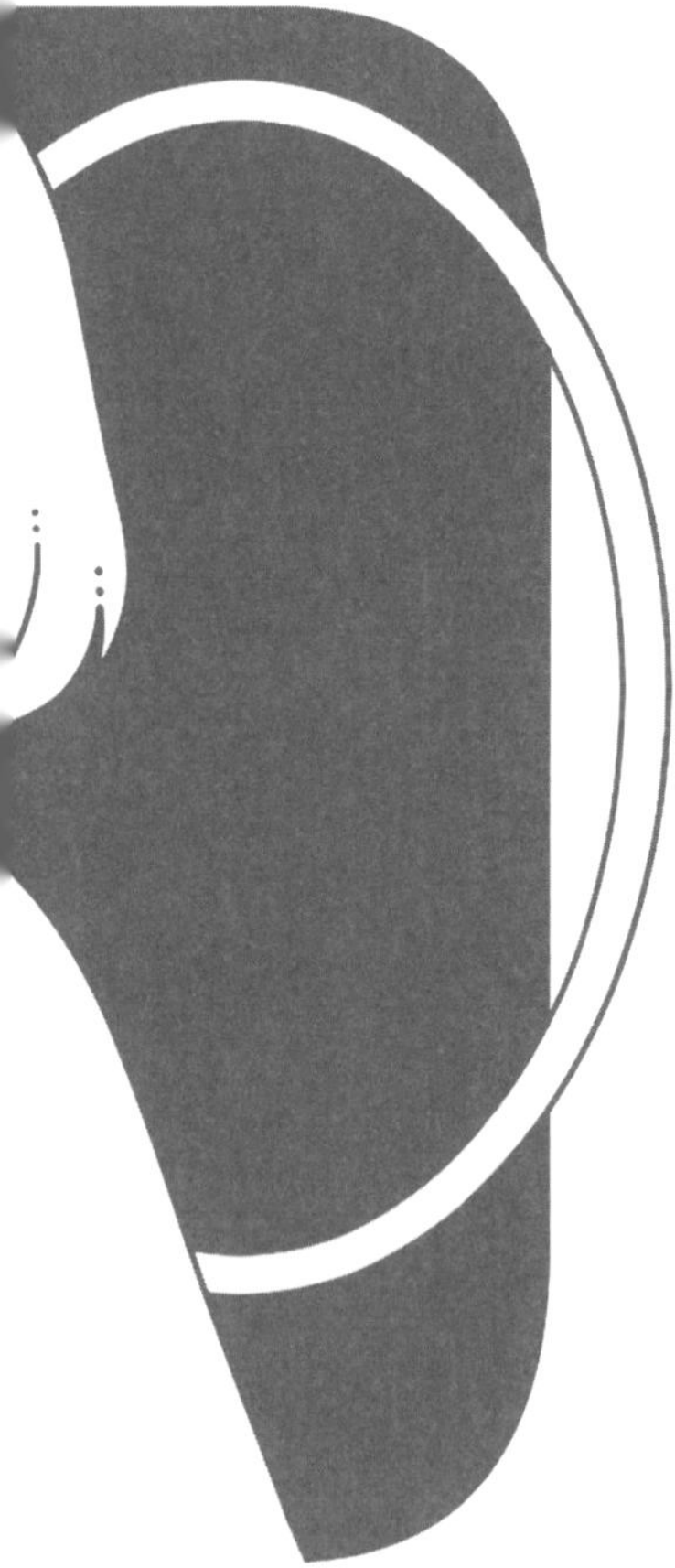

信用《しんよう》する

間違いないことだと信じて受け入れる。これまでのことから、信頼できると判断する。
＊経理担当者はたたき上げの苦労人で、信用するに足る実直な人物だ。

真《ま》に受《う》ける

言われた言葉通りに受け取る。言われたことを信じて本当のことだと思う。
＊「そのうち食事でも」という先輩のお愛想を真に受けて、しばらく期待して待っていた。

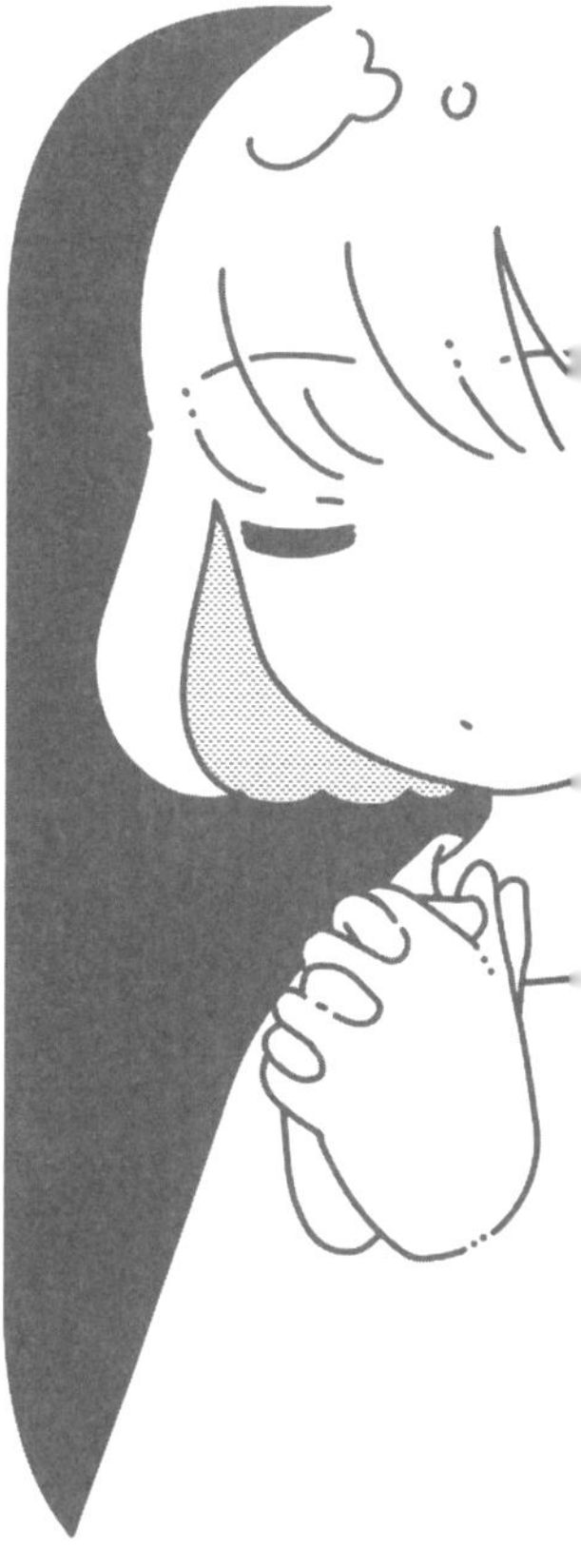

信頼《しんらい》を寄《よ》せる

相手に対して信頼する気持ちをもつ。頼りにする。頼もしいと思う。
＊真面目なバイトの子に店長は信頼を寄せ、意見を求めるようになった。

確信《かくしん》する

そうであると固く信じて疑わない。また、固い信念をもつ。
＊キャプテンのジャンプサーブが決まった瞬間、勝利を確信した。

過信《かしん》する

信用しすぎてしまう。実際の価値や力量より高く見て信じてしまう。
＊実力を過信した電機メーカーは、改革を怠り、経営不振に陥った。

行動のことば

不機嫌になる

フキゲンニナル

ご機嫌《きげん》斜《なな》め

機嫌が悪い様子。「ご機嫌斜めならず」（機嫌が非常にいい）の反対語として、俗語的に使われる。
＊うちのワンちゃんたちは、朝はいつもご機嫌斜めだ。

仏頂面《ぶっちょうづら》

不機嫌で不愛想な顔つき。不平があることがわかる顔。仏頂尊が恐ろしい顔をしていることから。
＊行きつけのすし屋の店主は、性格なのか、いつも仏頂面で応対する。

低気圧《ていきあつ》

低気圧で天気が悪くなるように、機嫌が悪くなるたとえ。古風な言い方。
＊天候不順で飛行機が遅れに遅れ、機長にも低気圧が訪れていた。

風向《かざむ》きが悪《わる》い

相手の機嫌が悪くなったりして、その場の形勢が不利である。
＊仲間が私を非難し始めたので、風向きが悪いと見て早々に退散した。

顔《かお》を顰《しか》める

不快感や痛みなどで、眉にしわを寄せる。また、不愉快な表情をする。

＊ゲーム開始早々に点を取られて、監督は思わず顔をしかめた。

拗《す》ねる

思い通りにならず、ひねくれた態度をとる。気に入らないことがあり、素直に人に従わない。

＊後輩の俳優ばかりがいい役をもらえるので、先輩俳優はすねている。

不《ふ》貞《て》腐《くさ》れる

叱られたり、希望がかなわなかったりして、すねた様子を見せる。投げやりな態度になる。

＊母の仕事で外出が中止になり、子どもはすっかり不貞腐れてしまった。

いじける

ダメだと思いこんで、素直でなくなる。縮こまって気が弱くなる。

＊大人たちから否定され続け、私はひどくいじけた少女になった。

行動のことば

怒りが表れる

イカリガアラワレル

血相《けっそう》を変《か》える

驚いたり怒ったりといった感情が大きく動き、顔色が変わる。「血相」は顔色、表情のこと。
＊不祥事を知った役員が、血相を変えて社長室に駆け込んできた。

癇癪《かんしゃく》を起《お》こす

ちょっとしたことにも我慢ができず怒り出す。不満や気に入らないことに対して感情が爆発する。
＊わが子はお腹がすくと、すぐに機嫌が悪くなり癇癪を起こす。

怒《いか》りが爆発《ばくはつ》する

我慢の限界を超えて、怒りの感情が一気にあふれ出る。
＊知事が不当な利益を得ていたことに対し、県民の怒りが爆発した。

癇癪玉《かんしゃくだま》が破裂《はれつ》する

小さな火薬玉が爆発するように、癇癪によって一瞬で怒る。突然、怒ったり泣いたりする。
＊若い者をさんざんばかにされ、大工の親方の癇癪玉が破裂した。

逆上《ぎゃくじょう》する

激しい怒りでかっとなって頭に血が上る。怒りや悲しみで取り乱し、平静を保てなくなる。
＊警官から職務質問を受けた男は、逆上して、つかみかかってきた。

憤怒《ふんぬ》の形相《ぎょうそう》

ひどく怒った顔つき。鬼のように恐ろしい顔。憤怒は「ふんど」とも読む。
＊さんざん飲んで朝方に帰ると、妻が憤怒の形相で玄関に立っていた。

堪忍袋《かんにんぶくろ》の緒《お》が切《き》れる

もうこれ以上、我慢ができず怒りが爆発する。我慢の限界を超える。
＊私生活を興味本位に報道され、タレントは、ついに堪忍袋の緒が切れた。

当《あ》たり散《ち》らす

嫌な気持ちを抑えられずに、周囲に辛く当たったり乱暴にふるまったりする。八つ当たりする。
＊またしても不採用の通知を受け、部屋の中の物に当たり散らした。

行動のことば

不満を表す

フマンヲアラワス

役不足《やくぶそく》

与えられた役目や立場が実力より軽く、釣り合わないこと。「実力不足」の意味でも使われる。
＊人気アナに深夜番組の司会は役不足と思ったが、いい味を出している。

渋々《しぶしぶ》

本当はやりたくないことを、しかたなくする様子。嫌々ながら。
＊乗車券をなくしたことに気づき、片道二千円をしぶしぶ支払った。

心《こころ》ならずも

自分の本心ではないが、しかたなしに。不本意だがやむを得ない様子。
＊学問好きの皇子は政治を嫌っていたが、心ならずも皇帝となった。

膨《ふく》れっ面《つら》

頬をふくらませて不機嫌な様子を表した顔つき。不満や怒りを子どもっぽく表現した表情。

＊駐車違反をとがめられた運転手は、膨れっ面で返事もしなかった。

剥《む》れる

気に入らなくて不機嫌になる。むっとした顔をする。膨れっ面をする。

＊指導するとすぐにむくれる生徒さんもいるので、料理教室は難しい。

地団駄《じだんだ》を踏《ふ》む

悔しがったり怒ったりして、激しく足を踏み鳴らす。「じだたらを踏む」が変化した表現。

＊ボードゲームが欲しいと言って、子どもは店の中で地団駄を踏んだ。

気色《けしき》ばむ

怒った様子を表情に出す。むっとしたように顔色を変える。

＊経費を流用したとの疑惑に対し、理事長は気色ばんで反論し始めた。

捨《す》て台詞《ぜりふ》を残《のこ》す

立ち去るときに、相手の返事を待たずに一方的に言葉を残す。「捨て言葉を残す」ともいう。

＊客は料理に文句を言い、「二度と来るか」と捨て台詞を残して去った。

行動のことば

迷う

マヨウ

左顧右眄《さこうべん》

周囲ばかり気にして、自分の態度を決められないこと。人の意見に左右されること。右顧左眄。

＊世間がどうあろうと、作家は左顧右眄した作品を書くべきではない。

思《おも》いあぐねる

あれこれ考えても、いい案が浮かばなくて悩む。どうしたらいいか、判断できずにいる。

＊夕食のメニューを思いあぐねていたら、買い物が長くなってしまった。

まごつく

どうしていいかわからず、当惑してうろたえる。迷ってうろうろする。まごまごする。

＊出題された英文は例年よりも難しく、受験生たちはまごついた。

思《おも》い惑《まど》う

どうしていいかわからずに、心が迷う。あれこれ思い悩む。

＊失業中は家族に明日食べさせるものもなく、思い惑う日々だった。

思案《しあん》に暮《く》れる

どうしてよいかわからず、ずっと迷う。「暮れる」は、時を過ごすという意味。

＊履歴書の志望動機の欄に書くことがなく、しばし思案に暮れた。

躊躇《ためら》う

あれこれ迷って、心が決まらない。決心がつかずにぐずぐずする。

＊辛い失恋を経験した私は、新しい恋愛を始めることをためらった。

逡巡《しゅんじゅん》する

決められずに、ぐずぐずする。尻込みする。ためらう。

＊公共工事を中止するかどうか、首長として逡巡する日々が続いた。

彷徨《さまよ》う

あてもなく行ったり来たりする。うろうろと歩き回る。また、考えなどを決めかねる。

＊事業の目的がはっきりしなければ、計画がさまよってしまいやすい。

行動のことば

我慢できない

ガマンデキナイ

耐《た》え難《がた》い

到底、我慢することができない。辛くてこらえきれない。

＊夜中に突然、耐え難い腹痛を感じて目が覚め、救急車を呼んだ。

忍《しの》びない

辛くて我慢できない。とても耐えられない。

＊学生にこれ以上負担を強いるのは忍びないので、授業料は据え置く。

見《み》るに堪《た》えない

あまりに気の毒で、まともに見ることができない。見るに忍びない。
＊俳優に転身したアイドルの演技は、見るに堪えないものだった。

喉《のど》から手《て》が出《で》る

欲しくて欲しくてたまらないことのたとえ。欲しいと思う気持ちが抑えられない。
＊ショーウィンドウで見た赤いバッグが、喉から手が出るほど欲しい。

堪《たま》らない

感情などを我慢できない。こらえられない。その状態を保っていられない。
＊上京して一か月経つと、地元の友だちに会いたくてたまらなくなった。

痺《しび》れを切《き》らす

あまりに待ちくたびれて、我慢ができなくなる。待ちきれない。
＊けんかをした恋人からずっと連絡がないので、痺れを切らしてこちらから電話した。

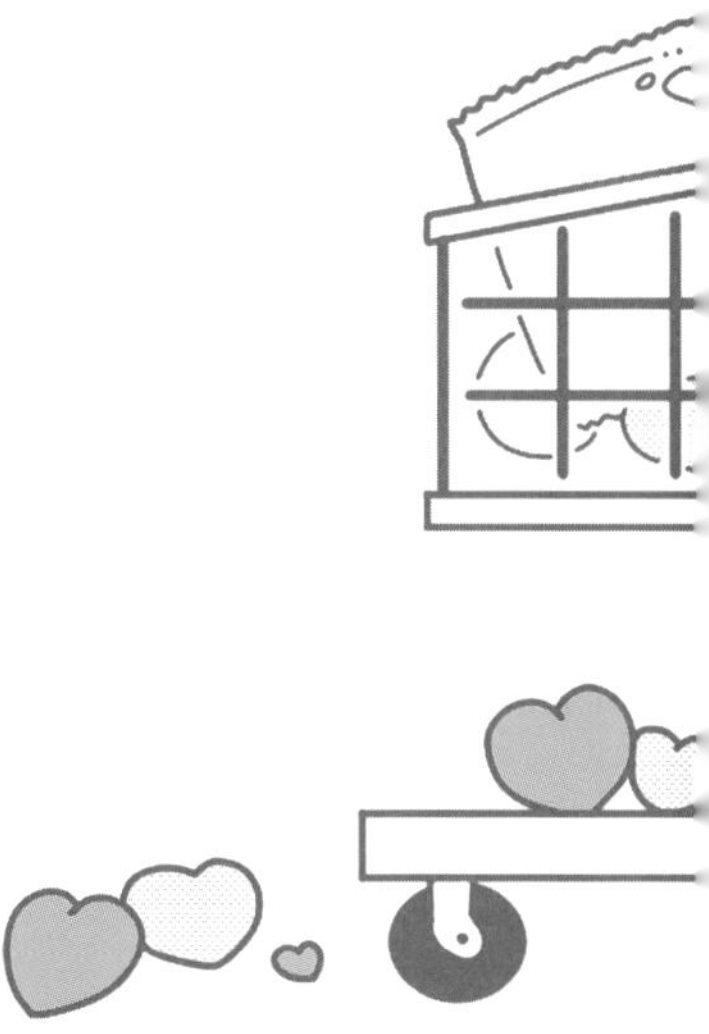

見《み》兼《か》ねる

黙って見ていることができない。平然とは見ていられない。
＊なかなか付き合わない二人を見兼ねて、映画のペアチケットを渡し、きっかけをつくった。

矢《や》も盾《たて》もたまらない

気持ちを制御できないたとえ。矢で攻めても盾で守っても抑えられない。
＊週末になると矢も盾もたまらず、車にサーフボードを積んで出かける。

恐れのあまり

オソレノアマリ〈1〉

恐《おそ》れ戦《おのの》く

恐ろしさのあまり、体がふるえる。ひどく恐れる。

＊野獣のように喚声を上げる軍勢に、敵は恐れ戦いて攻め込めなかった。

戦慄《せんりつ》を覚《おぼ》える

恐怖や緊張などで体が震える感じがする。わななきを覚える。

＊単純な動機から行われた凶悪犯罪のニュースに、ずっと戦慄を覚えた。

鳥肌《とりはだ》が立《た》つ

寒さや恐ろしさ、感動などで、皮膚がぶつぶつと鳥の肌のようになる。

＊高い所が怖い私は、飛行機に乗ることを考えるだけで鳥肌が立つ。

身震《みぶる》いする

寒さや恐怖、緊張などを感じて、無意識に体が震えて動く。体がぶるっとする。
＊初主演の舞台がいよいよ本番を迎え、俳優は思わず身震いした。

戦慄《わなな》く

恐ろしさや緊張、寒さなどのため、体が震える。怖くて動揺する。
＊敵兵が近づいて来た瞬間、私はわなななく手で銃を撃った。

震《ふる》え上《あ》がる

寒さや恐怖のために、ぶるぶるとひどく震える。肝を冷やす。
＊立ち退きを迫る男に大声で恫喝《どうかつ》され、住民は震え上がった。

怯《おび》える

恐怖を感じて、びくびくする。臆病で怖がる。また、悪夢にうなされて目を覚ます。
＊子どもの頃、通り道にいた大きなシェパードに、いつも怯えていた。

膝頭《ひざがしら》ががくがくする

膝小僧が、恐怖などで、まともに立てないほど震える。膝が笑う。
＊家のすぐ近くまで迫ってきた火の手を見て、膝頭ががくがくした。

行動のことば

恐れのあまり

オソレノアマリ〈2〉

怖《お》ず怖《お》ず

恐る恐るためらいながら、物事をする様子。こわごわと。

＊映画監督の勝手すぎる指示に、助監督がおずおずと異論を挟んだ。

総《そう》毛《け》立《だ》つ

恐怖やおぞましさ、感動などで、全身の毛が逆立つ。また、そう感じられる。

＊少女の人形が夜の闇に浮かぶワンシーンは、総毛立つような怖さだ。

おっかなびっくり

恐れて、ためらいながら何かをする様子。びくびく。こわごわ。

＊気難しい画家の仕事場に、記者はおっかなびっくり足を踏み入れた。

物《もの》怖《お》じする

物事に対してびくびくと怖がる。人や物に対して不安を抱く。

＊英語を一年間特訓した結果、人前でも物怖じせず話せるようになった。

「〜い」の形になる形容詞、「〜な」の形になる形容動詞。両者の働きは非常によく似ていると述べました（p.55）。それぞれ「イ形容詞」「ナ形容詞」という別名で呼ばれるくらいです。

たとえば、「温かい」と「温かな」。意味の違いはほとんどないように思われます。「温かい気持ち」と「温かな気持ち」。どちらも日本語として普通に使う表現です。

でも、場合によっては、どちらか一方がよりふさわしいことがあります。理科の実験にお湯を使う場合、「温かなお湯」とはあまり言わず、「温かいお湯」と言うはずです。

「温かい」のほうが「温かな」よりも具体的な温度に使いやすいのです。「温かな」は、「温かい」よりも漠然として

温かい・温かな

COLUMN 5

微妙に違う意味

いて、具体的に「ここ」と示しにくい場合によく使います。

「小さい」と「小さな」にも同じことが言えます（「小さな」は厳密には連体詞ですが、ここでは無視します）。

数の大小を言うときは、「小さな数字」よりも「小さい数字」のほうがしっくりきます。「小さい」は具体的な数を表す感じがします。

一方、「小さな親切」は「小さい親切」とは言いません。「親切」は、具体的な数字で表せないので、「小さな」を使うほうが自然です。

姉妹が3人いるとき、次女を「小さいお姉さん」と言うことがあります。これは具体的な順序を指しています。「小さなお姉さん」と言うと、小柄だという意味になってしまいます。

体のことば

頭

アタマ

頭《あたま》が重《おも》い

悩み事や気がかりなことがあって、気分がすっきりしない。気が重い。
＊来週の卒論発表会のことを考えると、頭が重くなる。

頭《あたま》に来《く》る

腹立たしいことがあり、怒りで興奮する。かっとなる。「鶏冠《とさか》に来る」ともいう。
＊忙しいときに勧誘の電話がかかってくると、本当に頭に来る。

頭《あたま》に血《ち》が上《のぼ》る

かっとなる。興奮して、物事を冷静に判断できなくなる。
＊容疑者は後ろの車にクラクションを鳴らされ、頭に血が上ったという。

頭《あたま》が下《さ》がる

模範的な行いや、人のために自分を犠牲にする行いなどに対し、自然に尊敬の気持ちが起こる。
＊ボランティアで町の清掃をしてくれる人々には頭が下がる思いだ。

頭《あたま》が上《あ》がらない

有力者や恩人などに対し、恐縮して、逆らうことができない。
＊ピンチのときに仕事を世話してくれた友人に、今も頭が上がらない。

頭《あたま》を冷《ひ》やす

興奮を落ち着かせる。冷静になる。「頭が冷える」の形も使う。
＊議論が白熱しすぎたので、一度頭を冷やしてから話し合うことにした。

頭《あたま》を痛《いた》める

解決できないことを、いろいろと心配したり、思い悩んだりする。
＊どうすれば優秀な学生を集められるかと、大学は頭を痛めている。

頭《あたま》を抱《かか》える

大変なことが起こったと、困り果てる。すぐに解決できず、どうすればよいかわからなくなる。
＊やっかいな産業廃棄物の処理に、自治体はほとほと頭を抱えていた。

頭《あたま》を悩《なや》ます

うまくいかないことを、なんとか解決しようと悩み苦しむ。あれこれと思い悩む。
＊いくら頑張っても成績が合格ラインに達しないので頭を悩ましている。

頭《あたま》が真《ま》っ白《しろ》になる

緊張やショックなどで、頭に何も浮かばなくなる。何も考えられなくなる。思考停止の状態。
＊舞台に上がり、観客を前にすると、頭の中が真っ白になってしまった。

体のことば

顔・面

カオ・ツラ

顔《かお》を曇《くも》らせる

悲しそうな、あるいは不安な表情をする。暗い顔をする。「表情を曇らせる」ともいう。
＊大型の台風が来るというニュースに、農家の人々は顔を曇らせた。

合《あ》わせる顔《かお》が無《な》い

相手に申し訳ない気持ちで、その人に対面することができない。面目なくて、その人に会えない。
＊せっかく紹介してくれた仕事に穴をあけ、知人に合わせる顔がない。

顔《かお》から火《ひ》が出《で》る

あまりの恥ずかしさで、顔が真っ赤になる。恥ずかしさから顔が赤く熱くなる。
＊パーティーで酔ったときの写真を見せられ、顔から火が出る思いがした。

顔《かお》に出《で》る

思っていることや感情、体調などが、顔の表情に自然と現れる。
＊四球でピンチに陥ったピッチャーは、強い焦りが顔に出ていた。

顔《かお》負《ま》け

相手の態度や技術、知識などに圧倒されて、あきれたり、気恥ずかしくなったりすること。
＊アナウンサーが番組で披露したピアノの腕前は、プロも顔負けだった。

頬《ほお》を赤《あか》らめる

恥ずかしさや照れ、酒の酔いなどのために、頬を赤くする。赤面する。
＊初恋の相手を司会者に追及されて、ゲストのタレントは頬を赤らめた。

顔《かお》に紅葉《もみじ》を散《ち》らす

若い女性などが恥ずかしさのあまり、顔を赤らめる。ポッとなる。
＊花嫁は来賓の祝辞を聞きつつ、おしろいを塗った顔に紅葉を散らした。

喜色満面《きしょくまんめん》

喜びの感情が、顔いっぱいにあふれ出ている様子。喜色とは、うれしそうな様子のこと。
＊試合に勝ったことを報告すると、父は喜色満面でほめてくれた。

体のことば

髪・毛

カミ・ケ

怒髪《どはつ》、天《てん》を衝《つ》く

逆立った髪の毛が、天を突き上げるほど、激しい怒りを見せる。

＊料亭で二流の料理を出されたときの文豪の怒りは、怒髪、天を衝く勢いであった。

髪《かみ》の毛《け》を逆立《さかだ》てる

非常に強い怒りや恐怖を感じている様子を表す。動物が怒って毛を逆立てることに由来する。

＊裁判所の不当判決に、弁護団長は髪の毛を逆立てるようにして怒った。

後《うし》ろ髪《がみ》を引《ひ》かれる

心残りがあり、その場所や、立場などを離れることを苦しく感じる。

＊山頂までもう少しのところで断念するのは後ろ髪を引かれる思いだが、無理は禁物だ。

白髪三千丈《はくはつさんぜんじょう》

悩みのために白髪が長く伸びたことを、大げさに言った表現。三千丈は約九キロメートル。
＊君に会えないので、白髪三千丈とまではいかないが、さびしかったよ。

心臓《しんぞう》に毛《け》が生《は》えている

厚かましくて、神経が図太い。ずうずうしい。
＊新米記者にとって、心臓に毛が生えているような政治家への取材はハードルが高い。

鼻毛《はなげ》が長《なが》い

同席している女性に対して、デレデレとしてだらしない。「鼻の下が長い」よりも強い表現。
＊常連客たちは、ホステスに気に入られたい鼻毛の長い男ばかりだ。

身《み》の毛《け》がよだつ

恐怖のあまり、体中の毛が逆立つ感じがする。身の毛立つ。ぞっとする。
＊幽霊が出そうな暗い道を一人で歩き、身の毛がよだつ思いがした。

旋毛《つむじ》を曲《ま》げる

気分を悪くして、わざと逆らう。ひねくれて、言うことをきかなくなる。
＊患者が別の治療法を希望すると、医師はつむじを曲げてしまった。

体のことば

眉

まゆ

眉根《まゆね》を寄《よ》せる

不快感などで眉を中央に寄せる。みけんにしわを寄せる。「眉根」は眉毛の根元で、みけんの側。
＊休日出勤を要求され、介護士は眉根を寄せて困惑した表情を見せた。

眉《まゆ》を顰《ひそ》める

心配事や不快に思うことがあって、眉を中央に寄せる。「顰める」は、「しかめる」とも読む。
＊電車のシートに寝転ぶ酔客を見て、他の乗客たちは眉をひそめた。

眉《まゆ》を曇《くも》らす

心配事や不快に思うことがあって、眉を寄せ、暗い顔つきになる。心配そうな表情になる。
＊雑誌の売れ行きがさらに落ちたことを知り、編集長は眉を曇らせた。

眉《まゆ》を吊《つ》り上《あ》げる

怒りで目を見開き、眉を上げた表情をする。眉の毛を逆さまにする。
＊不良品を買わされたと、お客が眉を吊り上げてやって来た。

柳眉《りゅうび》を逆立《さかだ》てる

美人が激怒している様子をいう。「柳眉」は、美人の眉。古風な表現。
＊旦那さまが飲んで帰ると、奥さまは柳眉を逆立ててお怒りになった。

眉唾物《まゆつばもの》

だまされる恐れのあるもの。信用できず、眉に唾をつけて聞かなければならないもの。
＊昔この地方に埋蔵金が隠されたという話があるが、どうも眉唾物だ。

八《はち》の字眉《じまゆ》

困ったり、情けなく思ったりしたときの、眉尻が下がった顔。「眉に八の字を寄せる」とも。
＊行商人は大幅な値引きを求められて、思わず八の字眉を作った。

愁眉《しゅうび》

心配事があって、しかめる眉。心配事がなくなってほっとすることを「愁眉を開く」という。
＊銀行から融資が受けられることになり、オーナーは愁眉を開いた。

体のことば

目・眦

メ・マナジリ〈1〉

目《め》が無《な》い

度を超えるほど好む。夢中になる。物事を判断できないときには「見る目が無い」という。
＊シュークリームには目がなくて、いくつでも食べられる。

目《め》が暮《く》れる

何かに心を奪われて正常な判断ができなくなる。欲にかられる。
＊金に目が暮れると、人は信じがたいほど愚かな行動に出るものだ。

目《め》に余《あま》る

見ていられないほど、程度がひどすぎる。古くは、一目で見渡すことができない意味にも使った。
＊ひと頃は、市街地の放置自転車が非常に多く、まことに目に余った。

目《め》が点《てん》になる

驚いたときの漫画的な表情。あきれたときや理解不能なときに用いる。
＊友人が真夜中に平気で訪ねて来たので、思わず目が点になった。

目《め》が回《まわ》る

めまいがする。非常に忙しい様子。すべきことが多くて、目がくらくらする様子。

＊クリスマス前はケーキの注文が殺到して、目が回るほどの忙しさだ。

目《め》を疑《うたが》う

思いがけないことを目にして、本当に起こったことかと思う。見たことが信じられない。

＊知らないうちに預金通帳の金額が減っていて、思わず目を疑った。

目《め》が泳《およ》ぐ

視線がきょろきょろと動く。隠し事やうそがあるとき、恥ずかしいときなどの目の動きをいう。

＊記者会見で事故を謝罪したタレントは、明らかに目が泳いでいた。

目《め》を三角《さんかく》にする

怒ったり、気が立ったりして、険しい目つきをする。目に角を立てる。

＊自分の失敗を生徒に漫画にされ、教頭は目を三角にして怒った。

体のことば

目・眦

メ・マナジリ〈2〉

目《め》を皿《さら》にする

目を皿のように丸く大きく見開いた様子。探し物をするときや驚いたときに使う。

＊落としたピアスを、目を皿にして探したが見つからなかった。

目《め》を丸《まる》くする

目を大きく見開く。非常に驚いて、目を見張るときの表情。

＊私が第一志望の学校に合格したときは、親戚中が目を丸くしたものだ。

目《め》を見《み》張《は》る

目を大きく開いてよく見る。驚きや感心、感動のほか、怒りやあきれの気持ちも表す。

＊絵画教室に通う子どもたちの上達ぶりには、目を見張るものがある。

目《め》を輝《かがや》かす

目をキラキラとさせる。興味や希望、喜びなどが表情に表れている様子。

＊次はミュージカルに挑戦したいと、新人俳優は目を輝かせた。

目《め》を細《ほそ》める

うれしいとき、子どもをかわいがるときなどの表情。目を細くする。

＊休日はドッグカフェでくつろぎつつ、小犬たちに目を細める私だ。

眦《まなじり》を下《さ》げる

目尻を下げてうれしそうにする。やわらかい笑みを浮かべる。「眦」とは目尻のこと。

＊数年ぶりに店を訪れた私の顔を見て、マスターはまなじりを下げた。

目《め》の色《いろ》を変《か》える

怒ったり驚いたり、何かに熱中したりして、目つきを変える。

＊新しい土地で一旗揚げようと、移民たちは目の色を変えて働いた。

眦《まなじり》を決《けっ》する

怒ったり決心したりして、目を大きく見開く。「決する」は開く意味。

＊決勝戦の日を迎え、選手たちはまなじりを決してピッチに臨んだ。

体のことば

口・唇・嘴

クチ・クチビル・クチバシ

開《あ》いた口《くち》が塞《ふさ》がらない

あきれ果てて、何も言うことができない。呆気にとられる。あきれ返る。

＊彼女とけんかして遅刻したというバイト君に、開いた口が塞がらない。

口《くち》をへの字《じ》にする

口の形を「へ」の形にする。不機嫌や怒りの表情。「〜に曲げる」「〜に結ぶ」ともいう。

＊文学賞を逃した作家は、口をへの字にして黙ったままだった。

口《くち》を尖《とが》らす

口を前方に突き出し、不満げな表情をする。すねたり、怒ったりしたときの顔つき。

＊希望する進学先を担任に反対され、生徒は不服そうに口を尖らせた。

あんぐり

驚いたりあきれたりしたときに、口を開けたままにする様子。また、大きく口を開けて食べる様子。

＊人間そっくりのアンドロイドに、見物客たちはあんぐりと口を開けた。

口《くち》を濁《にご》す

都合が悪いことをはっきりと言わず、曖昧にする。言葉を濁す。

＊学校側は、いじめがあったかどうかは確認できないと口を濁した。

唇《くちびる》を噛《か》む

悔しさや腹立たしさを、ぐっとこらえる。何も言わずに耐える様子。
＊資金難でライブが中止になり、バンドメンバーたちは唇を噛んだ。

嘴《くちばし》が黄色《きいろ》い

経験が浅い。未熟な人をけなして言う表現。鳥のひなのくちばしが黄色いことから。
＊まだくちばしが黄色い見習い職人の意見を、親方はにこにこと聞いた。

唇《くちびる》を反《かえ》す

悪口を言う。憎しみをもって相手をけなす。古典に出てくる言葉。
＊政治を忘れて贅沢にふける支配者を、世の人々は唇を反して罵った。

嘴《くちばし》を鳴《な》らす

歯ぎしりをして悔しがる。また、しゃべりたてる。江戸文学の言葉。
＊浮気な遊び人の男にだまされ、娘はくちばしを鳴らして悔しがった。

体のことば

歯《ハ》

歯《は》を出《だ》す

歯をむき出して、感情的に怒ったり叱りつけたりする。古典語。
＊両替商に借金の申し込みを断られた侍は、歯を出して怒った。

歯《は》を噛《か》む

歯をぐっとかみしめて悔しさをこらえる。歯ぎしりして残念がる。
＊仲間に侮辱された武士は、今に見ていろと、歯を噛んで耐えしのんだ。

歯《は》を食《く》いしばる

歯をかみ合わせて、怒りや苦痛、悲しみ、悔しさなどを必死にこらえる。
＊テニスの地区大会優勝をめざして、歯を食いしばって練習した。

歯《は》の根《ね》が合《あ》わない

寒さや恐ろしさで、体がガタガタと震える。歯をかみしめていることができない。

＊厳しい寒さに襲われ、避難民たちは歯の根が合わないほど震えていた。

奥歯《おくば》に物《もの》が挟《はさ》まる

思っていることをはっきりと言わずに、何かを隠している様子である。歯切れが悪い。

＊奥歯に物が挟まったような新聞記事だが、一体誰に遠慮しているのか。

歯《は》が浮《う》く

歯の根が浮くように感じる。空々しい言動のせいで、嫌な感じがする。歯の根が緩む。

＊口先だけの歯が浮くような愛情表現を、私はちっとも求めていない。

歯軋《はぎし》りする

悔しさや怒りから、歯をこすり合わせる。また、非常に残念がる。

＊凡手のために形勢が不利になり、棋士は歯ぎしりして悔しがった。

歯牙《しが》にもかけない

取るに足らないものとして、相手にしない。まったく問題にしない。「歯牙」は歯の意味。

＊新事業に乗り出した青年は、周囲の批判など歯牙にもかけなかった。

体のことば

耳

ミミ〈1〉

耳《みみ》が痛《いた》い

他人が批判する内容が、自分にも当てはまっていて、聞くのが辛い。

＊「最近の若い人は礼儀を知らない」と言われて、私も耳が痛かった。

耳《みみ》に逆《さか》らう

聞き手の感情を害する。「忠言耳に逆らう」は、忠告は素直に聞き入れることが難しい、の意味。

＊私はなるべく耳に逆らうような言葉は避けて、友人にアドバイスした。

耳《みみ》が汚《けが》れる

いまわしいこと、くだらないことを聞いて、不愉快に感じる。

＊汚職事件のニュースばかり聞いていると、耳が汚れてしまう。

耳《みみ》に当《あ》たる

聞いていて不愉快な気分になる。古典語。

＊僧侶は、世間のうわさ話が耳に当たると言って、寺から出なかった。

耳《みみ》に留《と》める

話や音などに注意を向ける。また、大事だと思って聞き、記憶する。

＊助けを呼ぶ声を、登山者の一人がふと耳に留め、救助につながった。

耳《みみ》に残《のこ》る

聞いた音や声が、記憶に残る。忘れられなくなる。耳から離れない。

＊幼い頃、縁側で祖母が教えてくれた数え歌が、今も耳に残っている。

耳《みみ》を疑《うたが》う

聞いたことが信じられない。思いがけないことを聞き、聞き間違いではないかと思う。
＊内定を取り消すという電話を受け、女性は思わず耳を疑った。

耳《みみ》に立《た》つ

音や声、ものの言い方などが注意を引き、神経に障る。耳障りである。
＊ベッドに入ったが、隣室のテレビの音が耳に立って眠れなかった。

体のことば

耳

ミミ〈2〉

耳《みみ》を澄《す》ます

声や音を聞こうとして、耳に神経を集中させる。注意して聞こうとする。耳をそばだてる。
＊夕暮れに耳を澄ますと、秋の虫たちの鳴き声が聞こえてくる。

耳《みみ》を塞《ふさ》ぐ

耳に手を当てて、聞こえないようにする。人の話を聞かないようにする。
＊けたたましく鳴る隣の家の目覚まし時計に、思わず耳を塞いだ。

聞《き》き耳《みみ》を立《た》てる

聞き取ろうとして、耳に神経を集中させる。耳を澄ます。
＊転校生は一人ぽつんと座って、周囲の雑談に聞き耳を立てていた。

耳《みみ》に胼胝《たこ》ができる

同じことをたびたび聞かされて、うんざりする。嫌になる。「胼胝」は皮膚が厚く硬くなった部分。
＊耳にタコができるほど聞かされた亡き父の小言も、今では懐かしい。

耳《みみ》に障《さわ》る

聞いていて、嫌な気分になる。気に障る。また、聞き流すことができない。耳にとまる。

＊電車内でイヤホンから漏れてくる音は、小さくても耳に障るものだ。

耳《みみ》に付《つ》く

声や音が耳から離れなくなる。また、声や物音が気になる。同じことを何度も聞かされ飽きる。

＊宣伝カーが騒々しくがなりたてていた音楽が、耳について離れない。

耳《みみ》を傾《かたむ》ける

人の声、物音などを熱心に聞く。特に、話を注意深く聞く。傾聴する。

＊意見が違う相手の話にも耳を傾けるパネリストの姿勢は素晴らしい。

耳苦《みみぐる》しい

音や声などがうるさくて、聞くに堪えない。聞き苦しい。古風な語。

＊家庭内の愚痴を長々とお聞かせし、さぞ耳苦しく思われたでしょう。

体のことば

鼻

ハナ

鼻《はな》が高《たか》い

成功したり、いい成績をおさめたりして、自慢したい。誇らしい。
＊息子がコンクールで最優秀賞を受賞し、親としてはとても鼻が高い。

鼻《はな》に付《つ》く

嫌味に感じられる。また、飽きてきて、うっとうしく感じられる。
＊いいヘアサロンなのだけど、接客が丁寧すぎるのがやや鼻につく。

鼻《はな》持《も》ちならない

言動や態度が嫌味で、耐えられないほど不愉快だ。「鼻持ち」は、鼻が臭気に持ちこたえること。
＊海外の著名人との交際を自慢したがる実業家の態度が鼻持ちならない。

鼻《はな》を蠢《うごめ》かす

得意げな表情をする。自慢する。得意がる。小鼻をうごめかす。「蠢かす」は、ひくひくさせること。
＊見物客を煙に巻き、素人マジシャンは得意そうに鼻をうごめかした。

鼻《はな》が凹《へこ》む

得意になっていた人が、やり込められる。恥をかかせられる。

＊小学生からの鋭い質問に答えられず、さすがの評論家も鼻がへこんだ。

鼻《はな》っ柱《ぱしら》が強《つよ》い

プライドや自己主張が強い。「鼻っぱし（端）が強い」とも言う。

＊全国大会で優勝するだけあって、弁論部の人々はみな鼻っ柱が強い。

鼻息《はないき》が荒《あら》い

物事に取り組む意欲が強い。強気で威勢がいい。意気込みがある。

＊魚群探知機に映る魚影を見つけ、漁師たちの鼻息が荒くなった。

鼻白《はなじろ》む

気後れしたような顔つきになる。興ざめした表情をする。

＊学生第一と言いつつ授業料を上げる大学の姿勢に、鼻白む思いがする。

鼻《はな》で笑《わら》う

鼻先で小馬鹿にしたようにフンと笑う。相手を見下してあざけり笑う。鼻先で笑う。

＊ポイ捨て禁止の看板を鼻で笑うように、観光客がごみを捨てて行く。

鼻《はな》が明《あ》く

あてがはずれる。人に出し抜かれる。失望する。古風な語。「鼻を明かす」は人を出し抜くこと。

＊負けた雀士は鼻が明いた様子で雀荘を後にし、戻って来なかった。

体のことば

手

テ

手《て》を打《う》つ

あらかじめ手段や方法を講じる。また、合意する。仲直りをする。
＊海洋ごみの増加に手を打たなければ、環境汚染が広がってしまう。

手《て》に付《つ》かない

他のことに気をとられていて、そのことに集中できない。落ち着かない。
＊熱を出した子どものことが気になって、仕事が手につかなかった。

手《て》に汗《あせ》を握《にぎ》る

推移を見守りながら、興奮したり緊張したりする。緊迫した状況や危険な状況に使う。
＊抜きつ抜かれつの、手に汗を握るシーンが多いレースだった。

手《て》を合《あ》わせる

両方の手のひらを合わせて拝む。心から頼む。また、相手と勝負をする。
＊早く救急車が来てくれるよう、電話のあとずっと手を合わせていた。

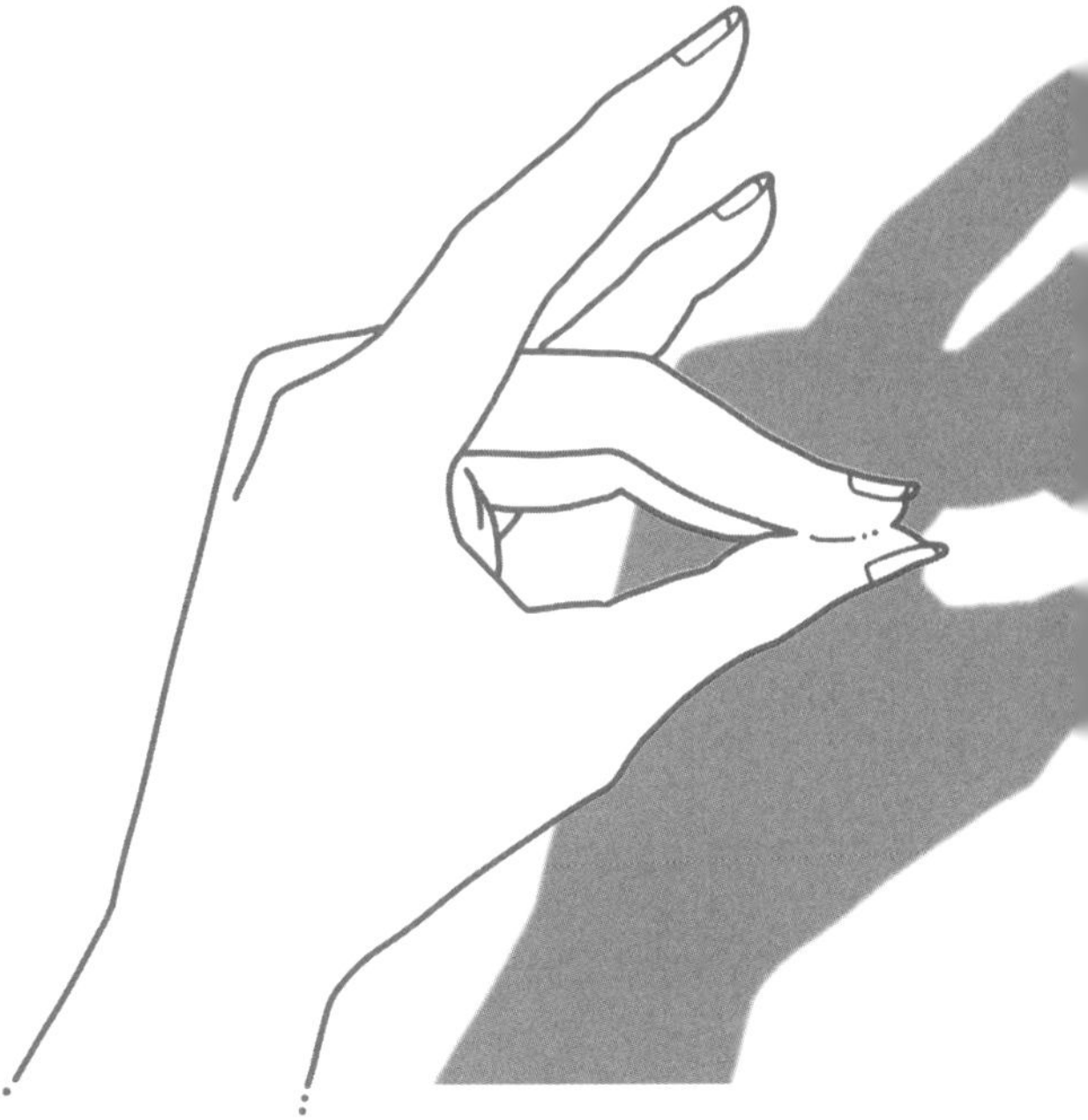

大手《おおで》を振《ふ》る

人目を気にせず、自由にふるまう。何の遠慮もなく堂々と行動する。
＊まだ捕まらない真犯人は、表通りを大手を振って歩いているのだろう。

手《て》を拱《こまね》く

腕組みをする。何もしないでいる。傍観する。「手をこまぬく」とも。
＊株価の大暴落に、投資家たちは手を拱いて見ているしかなかった。

諸手《もろて》を挙《あ》げる

無条件に歓迎する。全面的に賛成する。心から支持する。
＊新社長の改革案に、若手社員たちは諸手を挙げて賛成した。

手心《てごころ》を加《くわ》える

相手に合わせて手加減をする。事情に合わせて寛大にあつかう。
＊もはや私が将棋で勝てるのは、孫が手心を加えてくれたときだけだ。

体のことば

足

アシ

足《あし》が重《おも》い

気が進まない。行く気にならない。また、足が疲れてだるい。

＊ピアノの練習ができてない日、レッスンに行くのは足が重い。

足《あし》を向《む》けて寝《ね》られない

足を向けるような失礼な寝方ができないほど世話になったという形容。

＊数学の成績を伸ばしてくれた中学の恩師には、足を向けて寝られない。

足《あし》が地《ち》に着《つ》かない

興奮して落ち着かない。気分がそわそわする。また、言動が浮ついて、信頼に欠ける。

＊店にテレビの取材が来るというので、足が地に着かない気分だ。

足《あし》を空《そら》に

足が地に着かないほど、あわてふためく様子。古風な語。

＊大火事に見舞われた京の街では、人々が足を空にして逃げ惑った。

足《あし》が竦《すく》む

恐怖心や緊張から、足がこわばって思うように動けなくなる。

＊吊り橋がひどく揺れるので、途中で足が竦んで動けなくなった。

浮《う》き足立《あしだ》つ

不安や恐れで落ち着きがなくなる。そわそわする。逃げ腰になる。「浮き足」は、つま先立ちのこと。

＊夜中に奇襲を受けた軍勢は、浮き足立ってほとんど反撃ができなかった。

二《に》の足《あし》を踏《ふ》む

物事を思い切って進められずにいる。決断できず、どうしようかと迷う。
＊失敗したときのリスクを考えると、投資には二の足を踏んでしまう。

足蹴《あしげ》にする

他人にひどい仕打ちをする。また、ぞんざいで、冷淡なあしらいをする。
＊設計士としては、施主からの無理な要望も足蹴にすることはできない。

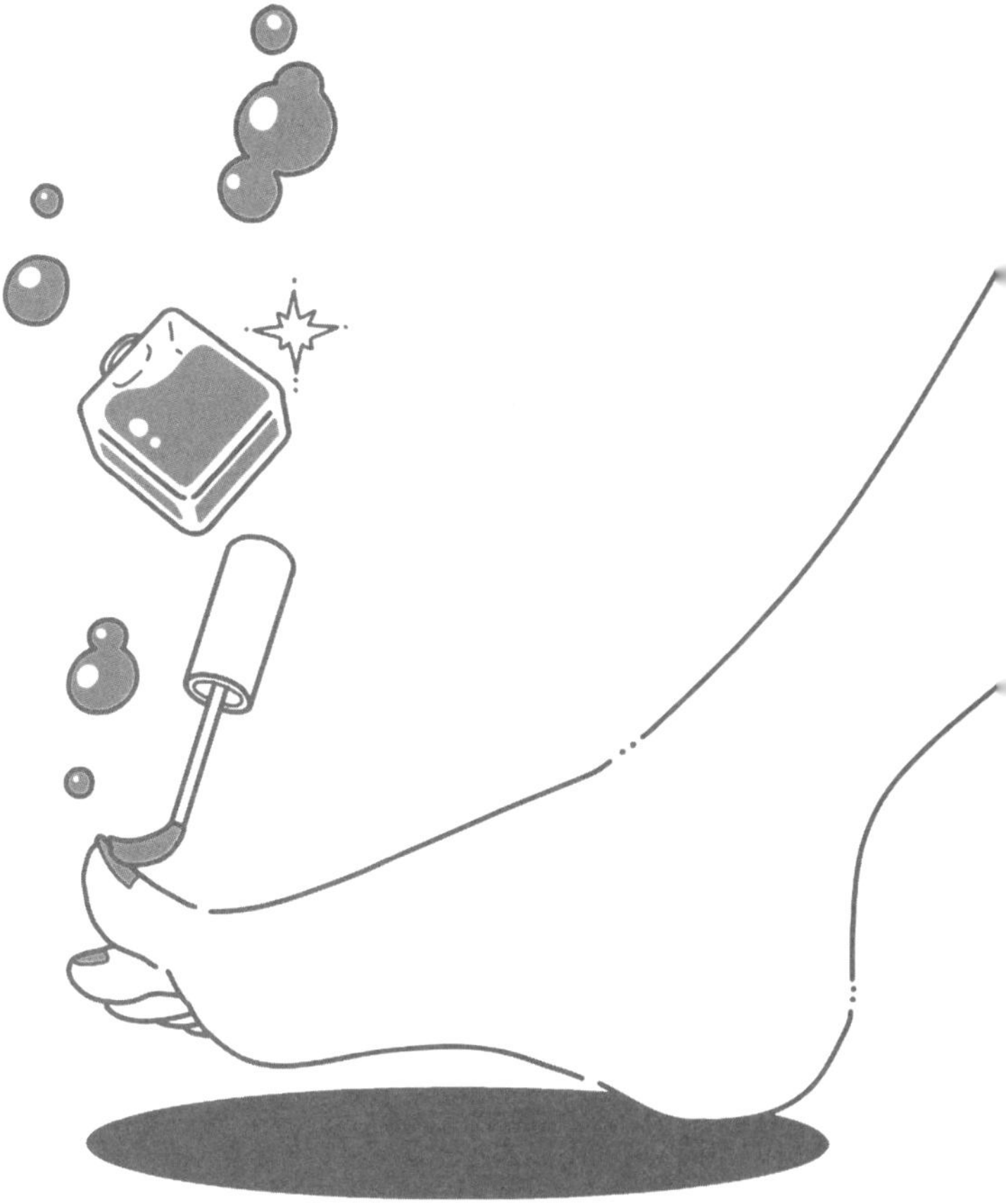

体のことば

胸

ムネ〈1〉

胸《むね》を熱《あつ》くする

強い感動がわき起こる。心臓から熱い血が駆け巡る。胸が熱くなる。俗語で「胸熱」とも。

＊今も昔も、子どもたちは戦うヒーローやヒロインに胸を熱くする。

胸《むね》を躍《おど》らせる

喜びや期待などで、心が落ち着かなくなる。わくわく、うきうきする。

＊初めて故郷を離れた私は、都会での新生活に胸を躍らせていた。

胸《むね》が騒《さわ》ぐ

心配事や不安、期待などで、心が落ち着かなくなる。胸騒ぎがする。

＊ベテラン刑事は、捜査に見落としがあるのではと直感し、胸が騒いだ。

胸《むね》を膨《ふく》らませる

希望や期待が大きく、胸がいっぱいになる。いいことがあるに違いないと思う。胸を膨らます。

＊ドラマで観光客が増えそうだと、市の担当者は期待に胸を膨らませる。

胸《むね》に溢《あふ》れる

喜びや悲しみ、不安などの感情が強くて、胸からあふれそうになる。

＊別れの手紙をつづるうち、さまざまな思いが胸にあふれ、涙が出た。

胸《むね》に迫《せま》る

見るもの、聞くものが心の中に達して、深い感動を呼び起こす。

＊資料館に展示された兵士たちの日記や遺品は、胸に迫るものがあった。

胸《むね》を突《つ》かれる

はっと驚いて、感情を揺さぶられる。ショックを受ける。「胸を衝かれる」とも書く。

＊元気なイメージの俳優が長く闘病を続けていたと知り、胸を突かれた。

胸《むね》に響《ひび》く

他人の言動などが、強い印象や感動、衝撃などを与える。胸に応える。

＊負け試合だったが、監督が述べた感謝の言葉は選手たちの胸に響いた。

胸《むね》が詰《つ》まる

悲しみや心配、感動などが大きくて、胸が苦しく、何も言えなくなる。

＊仲間たちにサプライズで誕生日を祝ってもらい、感激で胸が詰まった。

胸《むね》を貫《つらぬ》く

喜びや悲しみなどの強い感情がわき、胸を貫通するような感じがする。

＊初めての小説の出版が決まり、突き上げるような喜びが胸を貫いた。

体のことば

胸

ムネ〈2〉

胸《むね》を刺《さ》す

悲しみ、恐れなどの鋭い感情がわき、心に痛みを与える。心を刺す。
＊無実を強く訴える元受刑者からの手紙は、記者の胸を刺した。

胸《むね》が痞《つか》える

心配や悲しみなどで、胸がふさがれるような苦しさを感じる。また、食べた物が食道につまる。
＊運転手を続けてきたが、体を壊し、先のことを思うと胸がつかえる。

胸《むね》が痛《いた》む

悩みや苦しみ、心配事などで、心に苦痛を感じる。また、人に申し訳なくて心が苦しくなる。
＊仕事に協力して欲しいという旧友の頼みをやむなく断り、胸が痛んだ。

胸《むね》を反《そ》らす

自信に満ちた態度をとる。得意げで、堂々とした様子を見せる。
＊卒業生代表は、壇上で緊張しながらも、胸を反らして答辞を読んだ。

胸《むね》を焦《こ》がす

思いが募り、やり切れなくなる。ひどく思いわずらう。思い焦がれる。
＊少女への気持ちを打ち明けられず、少年は夜ごとに胸を焦がした。

胸《むね》を撫《な》で下《お》ろす

心配事や不安がなくなり、ほっとする。緊張がとけて安心する。安堵する。
＊父の病気は悪性でないことが検査でわかり、ほっと胸を撫で下ろした。

胸《むね》が高鳴《たかな》る

期待や緊張が高まり、興奮で胸がどきどきする。動悸が激しくなる。

＊初フライトを前にしたCAは、誇らしさと使命感で胸が高鳴った。

胸《むね》が裂《さ》ける

悲しみや憎しみ、苦しみなどで、胸が裂けるような苦痛を感じる。胸が張り裂ける。

＊昔から通っていた映画館が閉館し、胸が裂けるような気持ちになった。

胸《むね》が塞《ふさ》がる

悲しみや不安などで、胸がいっぱいになる。心配事や悩み事で、胸がつまるように感じる。

＊内戦で家族を奪われた外国人男性の証言を読み、胸が塞がる思いがした。

胸《むね》が潰《つぶ》れる

悲しみや驚きなどで、心が苦しくなる。心が締めつけられる。昔はどきどきする意味もあった。

＊開発のため伐採された木々の切り株を見て、胸が潰れそうになった。

体のことば

腹

ハラ

腹《はら》が黒《くろ》い

他人を利用して不当に儲けるなど、悪いことを密かに考える。腹黒い。

＊大旦那は役人を抱き込んで利益を図るなど、腹が黒いところがあった。

腹《はら》が立《た》つ

怒りを感じる。理屈よりも先に、許せない感情が起こる。立腹する。

＊少ない賃金で重労働させられるのは腹が立つが、転職するあてもない。

腹《はら》に据《す》えかねる

怒りを押さえられない。他人の言動などがあまりにひどくて、我慢することができない。

＊電車内で騒ぐ男たちの態度が腹に据えかねて、思わず肩をたたいた。

腹《はら》が据《す》わる

覚悟ができていて、物事に動じない。度胸があって、あわてることがない。
＊受験の日が近づくにつれ、焦っても仕方ないと腹が据わってきた。

腹《はら》に落《お》ちる

十分に理解、納得できる。自分の中でつじつまが合う。腑に落ちる。
＊ディレクターの説明で、ゲストはようやく番組の意図が腹に落ちた。

腹《はら》を括《くく》る

何があってもいいように覚悟を固める。帯をぎゅっと締めるように決意する。腹を決める。
＊費用は膨大になりそうだが、腹をくくって計画を進めるしかない。

腹《はら》が決《き》まる

迷っていたことを、ようやく実行する決心がつく。思い切りがつく。覚悟が決まる。
＊これまで断ってきたが、今回こそ選挙に出ると腹が決まった。

腹《はら》を合《あ》わせる

数人が考えを合わせる。特に、共に悪だくみをする。ぐるになる。
＊副社長は専務らと腹を合わせて、取締役会で社長を突然解任した。

体のことば

息

イキ

息《いき》が詰《つ》まる

雰囲気が重かったり、ひどく緊張したり、または忙しすぎたりして、息がしにくくなる。
＊お見合いは盛り上がらず、息が詰まって料理の味もわからなかった。

息苦《いきぐる》しい

呼吸が十分にできずに苦しく感じる様子だ。圧迫感があって、重苦しく感じる様子だ。
＊会社の業績が悪化するなか、株主総会は息苦しい雰囲気で進行した。

息《いき》を凝《こ》らす

息をしないで、神経を集中したり、様子をうかがったりする。緊張して息を抑える。息を殺す。
＊ケーキの飾りを崩さないよう、息を凝らし、慎重にナイフを入れた。

息《いき》を吐《つ》く

緊張や多忙などから解放されて、余裕を得る。ほっとひと息入れる。
＊夏からずっと仕事が立て込んでいて、もうすぐ年末だというのに息をつく暇もない。

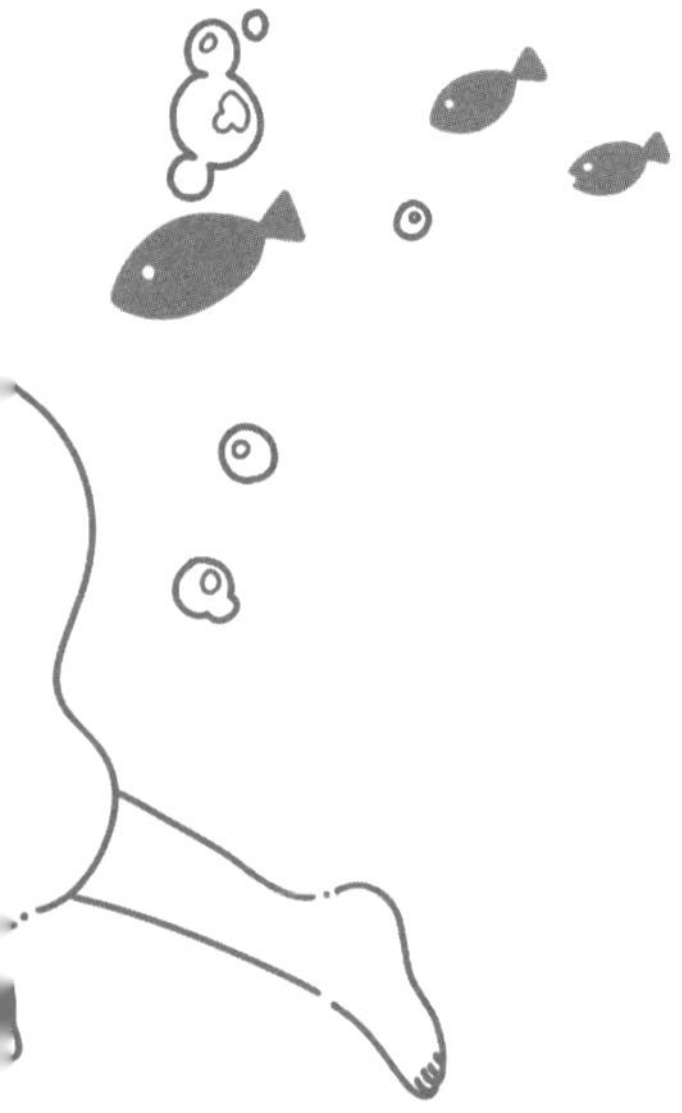

息《いき》を呑《の》む

はっとして、息を一瞬止める。驚きや恐れなどで、吐こうとした息を思わずのみ込む。

＊プーケット島の海に沈む夕日は、思わず息を呑むほどの美しさだった。

息《いき》筋《すじ》張《は》る

むやみに力を入れる。力を入れて言う。「息筋」は、力を入れると出る顔のしわ。古風な語。

＊一夜の宿を借りた浪人は、必ず恩は返すと、息筋張って主人に言った。

青《あお》息《いき》吐《と》息《いき》

限界に達して、疲れ果てたときの弱々しいため息。また、そのため息が出るほど辛い状態。

＊生産コストが上がり、農家は追いつめられて青息吐息となっていた。

息《いき》を潜《ひそ》める

息づかいを抑えて、存在を気づかれないようにじっとしている。

＊刑事は建物の陰で息を潜めて、重要参考人の動きを見張っていた。

体のことば

血

文

血《ち》湧《わ》き肉《にく》躍《おど》る

スリリングな展開に興奮し、血が熱くなり、体が震える思いがする。

＊新進監督の大胆な演出で、血湧き肉躍るアクション映画が完成した。

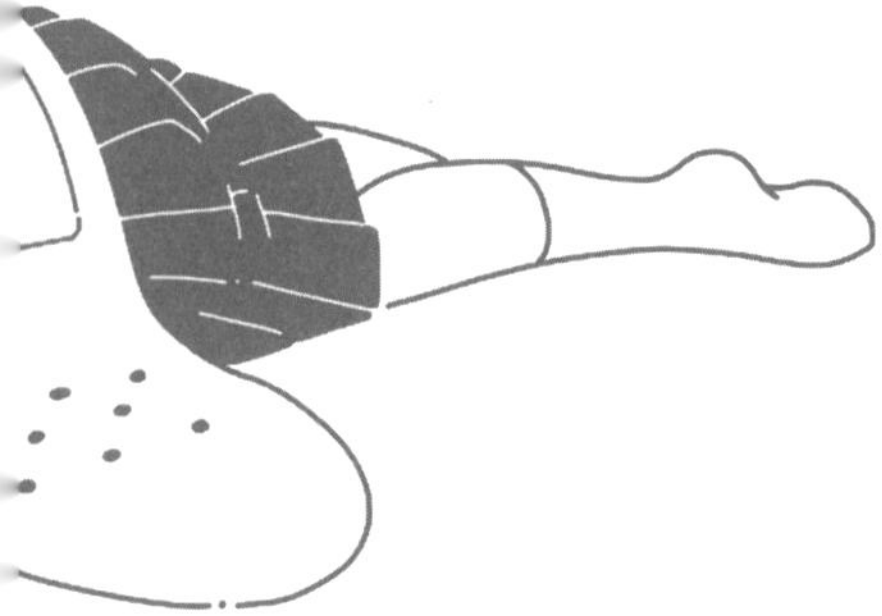

血《ち》が騒《さわ》ぐ

気持ちが高揚して、じっとしていられなくなる。楽しみで心が躍る。

＊元漁師の血が騒ぐのか、祖父は漁をやめてからもしばしば浜に出ていた。

血《ち》が沸《わ》く

感激したり興奮したりして、気持ちが高ぶる。感情が高まる。心が躍る。

＊残り三分で決勝ゴールが決まった瞬間、サポーターたちの血は沸いた。

血《ち》を吐《は》く思い

耐えられないほど辛く苦しい思い。ひどく悲しい気持ち。

＊ここで一服でも吸ったら、五年前に血を吐く思いで達成した禁煙が無駄になる。

血《ち》も涙《なみだ》もない

人間らしい思いやりが少しもなく、冷酷そのものである。人情味がまったくない。
＊織田信長は、本当に血も涙もない権力者だったのか、会って確めたい。

血走《ちばし》る

目が赤く充血する。熱中したり興奮したりしたときの目つきをいう。
＊一緒に格闘ゲームをするうちに、友人の目がだんだん血走ってきた。

血眼《ちまなこ》になる

目を赤く充血させるほど、熱中したり、あわてたりする。関西方言では「赤目を吊る」と言う。
＊集金した帰りに財布がないのに気づき、周囲を血眼になって探した。

血道《ちみち》を上《あ》げる

恋愛や道楽などに、判断力を失うほど夢中になる。のぼせ上がる。
＊ご隠居は骨董品の収集に血道を上げ、数十万円の壺でもほいほい買っているという話だ。

血《ち》の気《け》が引《ひ》く

恐怖や精神的なショックから、顔色が青ざめる。血の気が失せる。
＊誰もいないはずの隣室から物音が聞こえ、恐怖で血の気が引いた。

血《ち》の滲《にじ》むよう

とても苦しいことに耐えて努力を続けること。「血の出るよう」ともいう。
＊国産品の競争力を高めるため、農家は血のにじむような努力を重ねた。

体のことば

涙

ナミダ

涙《なみだ》ぐましい

思わず涙を誘われるほど、苦心の跡が感じられる。「涙ぐむ」を形容詞にした言葉。

＊涙ぐましい努力のかいがあって、ラグビー部は優勝旗を手にした。

有《あ》り難涙《がたなみだ》

感謝の気持ちがあふれて流れる涙。ありがたさに思わず流す涙。

＊熱心に修行に励む僧侶は、夢に現れた仏を見てありがた涙にくれた。

涙《なみだ》を飲《の》む

泣きたくなるような悔しさをこらえる。「飲む」は「呑む」とも書く。

＊最終走者までたすきをつなぐことができず、選手たちは涙を飲んだ。

涙《なみだ》の雨《あめ》が降《ふ》る

雨が降るように、涙を流す。ひどく泣く様子を言う。涙雨が降る。

＊若い貴族が昔の恋人を思い出すたび、止めどなく涙の雨が降った。

嬉《うれ》し涙《なみだ》

うれしさのあまりに流す涙。ありがた涙、随喜の涙などとも言う。

＊十数年ぶりに帰国した息子に会い、老母はうれし涙を流して喜んだ。

暗涙《あんるい》

不幸や不運のために、静かに流す涙。また、人知れず密かに流す涙。

＊師の臨終に際し、弟子たちは暗涙にむせび、一言も語らなかった。

泣《な》きの涙《なみだ》

辛さのあまり流した涙。ひどく悲しい思いをするときの形容。

＊結婚早々に妻が転勤になり、夫婦は泣きの涙で別居することになった。

感涙《かんるい》

非常に感激して流す涙。深い尊敬や感謝、達成感などから来る涙。

＊千秋楽に逆転優勝した横綱は、報道陣を前にして感涙にむせんだ。

身《み》を焦《こ》がす

恋心や悩み、欲望などが募って、焼けるように苦しい思いをする。
＊恋に焦がれて鳴くセミよりも、鳴かぬホタルが身を焦がすと言われる。

身《み》を乗《の》り出《だ》す

体を少し前に出すようにする。興味や関心をもって話を聞くときの姿勢。
＊セミナーに集まった人々は、身を乗り出して講師の話を聞いていた。

身《み》を粉《こ》にする

労力を惜しまずに、一生懸命に仕事をする。身を砕く。
＊町工場の経営者として、日曜も祝日もなく、身を粉にして働く毎日だ。

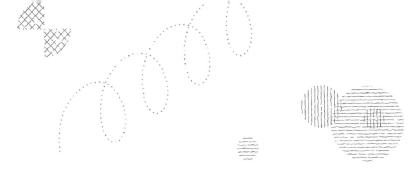

憂《う》き身《み》を窶《やつ》す

好きなことに、体がやせ細るほど熱中する。また、無益なことに時間や労力をかける。
＊細菌学の研究に憂き身をやつして、そろそろ半世紀近くになる。

身《み》から出《で》た錆《さび》

自分の行いが原因となって、自分自身が苦しむこと。自業自得。
＊自己中心的な私から友人が離れていったのは、身から出たさびだった。

身骨《しんこつ》を砕《くだ》く

物事を成し遂げるために、ありったけの力を尽くす。粉骨砕身する。
＊身骨を砕いて復活させたブドウの品種がようやく実りのときを迎えた。

身《み》が入《はい》る

他のことに煩わされず、集中して取り組むことができる。多く、「身が入らない」の形で使う。
＊いくらテニスが好きだと言っても、こう暑くては練習に身が入らない。

身《み》につまされる

他人の不幸などが、自分の身に起こっているかのように切実に感じる。他人事でなく感じる。
＊青少年犯罪の報道には、人の親として身につまされる思いがする。

体のことば

身〈2〉

身《み》を焼《や》く

激しい恋心のほか、嫉妬や恥辱、焦燥などに身もだえする。身を焦がす。＊かなわぬ恋だとわかっていても、**身を焼く**思いはどうにもならない。

身《み》を入《い》れる

物事に集中して、本気で取り組む。そのことを夢中になって行う。＊トランペットの練習に**身を入れる**ため、とうとうスタジオを借りた。

身《み》を抓《つ》む

自分の体をつねって人の痛みを知る。自分の身に引き比べて相手のことを思いやる。＊**身を抓んで**人の痛さを知るというが、苦労人は他人の痛みがわかる。

身《み》を引《ひ》き締《し》める

真剣に物事に当たる。体を緊張させ、気持ちを新たにする。＊誤訳が許されない通訳という仕事の厳しさに、改めて**身を引き締めた**。

肩《かた》身《み》が狭《せま》い

自分だけが周囲と違うときや、他人に迷惑を掛けたときなどに、その場での居心地が悪い。＊他の人よりかなりラフな格好でパーティーに来てしまい、**肩身が狭い**。

COLUMN 6

英語に比べて多いオノマトペ

日本語は「ばたばた」「がたがた」「どきどき」「わくわく」といったオノマトペ（音象徴語）が多いと言われます。複数の調査によれば、日本語のオノマトペは英語の3倍から5倍に及ぶということです。

　このうち、「ばたばた足音がする」の「ばたばた」、「花火がどんと鳴った」の「どんと」など、音を表すのが「擬音語」。また、「ドラマを見てはらはらする」の「はらはら」、「返事にぐっと詰まる」の「ぐっと」など、様子を表すのが「擬態語」です。

　擬音語・擬態語の境界は不明確です。足音は「ばたばた」ですが、「昨日からばたばたしている」のように、駆け回るほど忙しい様子も「ばたばた」で表します。「ばたばた」は擬音語とも擬態語とも言えます。

　英語よりも日本語にオノマトペが多いと述べましたが、これはなぜでしょうか。日本語のほうが曖昧だから――ではありません。ものの様子を、英語では動詞で表し、日本語ではオノマトペで表すことが多いのです。

　たとえば、頼りなく歩く様子を、日本語では「ふらふら」「よたよた」「よろよろ」と擬態語で表します。一方、英語ではstagger, reel, lurchなど動詞で表現し分けるそうです（今井むつみ『英語独習法』岩波新書）。

　オノマトペのある日本語は繊細だと言われますが、英語だって繊細なのです。ただ、日本語をマスターするために、多くのオノマトペを覚える必要があるのは確かです。

季節のことば

春・夏

ハル・ナツ

春《はる》めく

天気や気温などが春らしくなる。のどかな日差しや風が気持ちを浮き立たせる。春の季語。

＊桜のつぼみも色づき始め、日増しに春めいてまいりました。

春眠《しゅんみん》

暖かくなった春の夜に訪れる、心地よい眠り。夜明けになってもなお安らかに眠り続ける人も多い。春の季語。

＊夜明けのふとんの中で、春眠をむさぼっている。

春近《はるちか》し

そろそろ冬が終わり、春がすぐそこまで来ている様子だ。暖かな季節の到来を待ちわびる気持ちを表す。冬の季語。

＊梅の香りが街路に漂い、春近しだと感じた。

山笑《やまわら》う

春になり、山の草木が一斉に芽吹いて明るくなる。まるで山が笑っているかのように華やかになる。春の季語。

＊故郷やどちらを見ても山笑ふ（正岡子規）

長閑《のどか》

のんびりとして落ち着いている様子。また、うららかに晴れている様子。春の季語。
＊小川のほとりの芝生に寝転ぶと、水車の音がのどかに聞こえてきた。

春愁《しゅんしゅう》

春に、理由もなく気持ちがふさぐこと。わびしく感じること。また、青春の時期に感傷的になること。春の季語。
＊春愁のまぼろしにたつ仏かな（飯田蛇笏）

梢《こずえ》の夏《なつ》

梢は、木の幹や枝の先のこと。梢に青々とした葉が茂り、夏めく頃。梢に見る夏の気配。
＊梢の夏になり、木陰の風が気持ちいい。

春色《はるいろ》

春らしく感じる色。桜色や若草色などの、春をイメージさせる色。
＊線路沿いの桜並木と、広がる菜の花畑は、まさに春色の風景だった。

山《やま》滴《したた》る

山の緑が濃くなり、滴りそうなほどみずみずしくなる。美しい夏山の様子を表す。夏の季語。
＊笠一つしたたる山の中を行く（正岡子規）

季節のことば

秋・冬

アキ・フユ〈1〉

悲秋《ひしゅう》

物悲しさをおぼえる秋。さびしさを感じる秋。

＊山小屋に泊まった夜更け、悲秋の風が木々をざわめかせていた。

今朝《けさ》の秋《あき》

立秋の日の朝のこと。秋になったとしみじみ感じる気持ちを込めた言葉。秋の季語。

＊琴の音の我にかよふや今朝の秋（加賀千代女）

秋《あき》めく

天気や気温などが秋らしくなる。風や草木の様子が物さびしい気持ちを呼び起こす。秋の季語。

＊街のイチョウ並木が黄色くなり、すっかり秋めいてきた。

秋《あき》の空《そら》

秋の澄み渡った空。また、この時期の空模様にたとえて、変わりやすい心をいう。秋の季語。

＊にょっぽりと秋の空なる富士の山（上島鬼貫）

秋風《あきかぜ》が吹《ふ》く

秋になり、肌寒い風が吹く。また、秋を「飽き」にかけて、愛情が冷める様子を表す。

＊秋風が吹く頃になると、さびしさが募って、誰かに会いたくなる。

秋《あき》の香《か》

秋をしみじみと感じさせる香り。マツタケをはじめ、シソの実やクルミ、草花などの香り。

＊高松のこの峰も狭《せ》に笠立てて満ち盛りたる秋の香のよさ（万葉集）

秋色《あきいろ》

秋らしい色。紅葉の赤や黄、枯れ草色など、秋をイメージさせる色。
＊新しく買った秋色のコートを着て、外苑のイチョウ並木を見に行った。

秋《あき》の声《こえ》

秋の雨や木の葉がカサカサと鳴る音など、秋の物さびしさを感じさせる音。秋声《しゅうせい》。秋の季語。
＊帛《きぬ》を裂く琵琶《びわ》の流れや秋の声（与謝蕪村）

季節のことば

秋・冬

アキ・フユ〈2〉

秋思《しゅうし》

秋に物思いをすること。「春愁（春の愁い）」に対する言葉。秋の季語。
＊山塊にゆく雲しろむ秋思かな（飯田蛇笏）

山装《やまよそお》う

山々が紅葉に染まり、化粧をしたように美しく飾っている。「山粧う」とも書く。秋の季語。
＊山装う季節ともなれば、仲間とスケッチ旅行に行くのが毎年のことだ。

秋麗《あきうらら》

うららかに晴れた秋の日。陽気がよく、心地よい日和。「しゅうれい」とも読む。秋の季語。
＊秋麗のこんな日は、いつもの散歩も一段と気持ちがいいね。

寒露《かんろ》

朝晩が冷え込み、草木に降りる露が冷たく感じられる頃。空気が澄んだ秋晴れの季節。二十四節気の一つ。秋の季語。
＊寒露には、夜空の月がいっそう美しく見える。

心《こころ》の秋《あき》

秋を「飽き」にかけて、物事に飽きがくること。また、さびしく哀れな気持ちになること。
＊時雨つつもみづるよりも言の葉の心の秋にあふぞわびしき（古今和歌集）

身《み》に入《し》む

秋の寒気や冷気などが骨身に強く感じる。また、痛切に感じる。秋の季語。
＊身にしみて大根からし秋の風（松尾芭蕉）

枯《かれ》野《の》

冬になり、草木が枯れ果てた野原。また、荒涼とした景色のように寒々とした様子。冬の季語。
＊旅に病んで夢は枯野をかけ廻《めぐ》る（松尾芭蕉）

秋爽《しゅうそう》

秋の空気が気持ちよく感じること。空気がほどよく冷たく、さわやかであること。秋の季語。
＊秋爽の候、紫綬褒章のご受章まことにおめでとうございます。

山《やま》眠《ねむ》る

まるで眠りについたように、山はすっかり静まり返っている。山を擬人化した表現。冬の季語。
＊山眠る中に貴船の鳥居かな（高浜虚子）

気象のことば

雲

クモ

靉靆《あいたい》

雲や霞がたなびく様子。また、空を厚く覆う様子。晴れ晴れとしない気持ちにもいう。

＊土手では、靉靆とした雲のような桜の花が一面に咲き誇っていた。

暗雲《あんうん》

今にも雨が降り出しそうな真っ黒い雲。また、その雲のように心を覆う、不安や苦しみ。

＊長引く不況に回復の兆しが見え、暗雲が晴れていくような気がした。

鱗雲《うろこぐも》

空の高い所に見える、魚のうろこのように広がった雲。巻積雲。「鰯《いわし》雲」「鯖《さば》雲」とも。秋の季語。

＊鱗雲を見るたびに、少年の日に友だちと見上げた秋の空を思い出す。

雲海《うんかい》

一面に広がって海のように見える雲。高い山の上や飛行機から見下ろすと見える。夏の季語。

＊初めての富士山登山は辛かったが、頂上で見た雲海は一生忘れられない。

浮雲《ふうん》

空に浮かぶ雲。また、その雲のようにはかないものや、政治を牛耳る邪悪な者をたとえる。浮き雲。
＊不正な手段で得た地位など、まことに浮雲の如くはかないものだ。

東雲《しののめ》

東の空が明るくなってくる頃。明け方。また、明け方の光を受けて輝く、東の空の雲。
＊徹夜明けで美しい東雲の空を見て、疲れが少し癒えた気がする。

叢雲《むらくも》

細かい雲が群がり集まってできた雲。うろこ雲よりは低い所に見える。高積雲や層積雲。
＊夫のうそが一つばれると、叢雲のごとく他の疑惑がわき起こってきた。

青雲《せいうん》

青みがかった雲。よく晴れた空。また、地位が高いこと。「青雲の志」は、立身出世を目指す心。
＊今度下宿に入った若者は、青雲の志があってなかなか好もしい。

気象のことば

風《かぜ》

風光《かぜひか》る

春の日差しの中を、そよ風が吹き渡る。春風がきらきらと輝くように見える。春の季語。

＊朝凪《あさなぎ》の浪立つて風光る頃（河東碧梧桐）

風薫《かぜかお》る

初夏の風が、花や草のさわやかな香りを運んでくる。新緑の心地よい風の形容。夏の季語。

＊下毛《しもつけ》や青野つづきに風薫る（松根東洋城）

風冴《かざさ》ゆ

冷たい冬の風が吹き渡る。風の音とともに、身を切るような冷気を感じる。冬の季語。

＊風冴えて魚の腹さく女の手（石橋秀野）

春一番《はるいちばん》

立春から春分の間に最初に吹く強い南風。これを機に気温が上昇する。春の季語。
＊春一番が吹くと、神戸や明石ではイカナゴのくぎ煮の季節になる。

東風《こち》

春に東の方角から吹いてくる風。あゆのかぜ。菅原道真が詠んだ次の歌が有名。春の季語。
＊東風吹かば匂ひおこせよ梅の花あるじなしとて春を忘るな（拾遺和歌集）

木枯《こが》らし

秋の終わりから冬にかけて吹く、冷たい北寄りの風。木の葉を散らすような厳しい風。冬の季語。
＊木がらしや目刺《めざし》にのこる海の色（芥川龍之介）

空《から》っ風《かぜ》

雪や雨などがなく、乾燥した冬の風。日本海側から山を越えて太平洋側に吹きつける。冬の季語。
＊冷たい空っ風に鼻を真っ赤にしながら、小学生たちが登校している。

北風《きたかぜ》

北または北西から吹いてくる、肌を刺すような冷たい風。硬く「朔風《さくふう》」ともいう。冬の季語。
＊北風や石を敷きたるロシア町（高浜虚子）

気象のことば

雨

アメ

春時雨《はるしぐれ》

春にぱらぱらと降る、にわか雨。春の暖かさや生命を感じるような、柔らかい雨。春の季語。
＊ふと庭に目をやると、花壇の花々に春時雨が降り注いでいた。

洒涙雨《さいるいう》

七夕の夜に降る雨。牽牛《けんぎゅう》と織女が別れを悲しむ涙といわれる。「灑涙雨」とも書く。
＊夜汽車の外に手を振った時、降り出したあの雨は、洒涙雨だったのか。

卯《う》の花腐《はなくた》し

卯の花が咲く五月に降る、花を腐らせるほど続く長い雨。「うのはなくだし」ともいう。夏の季語。
＊塀合《へいあひ》に卯の花腐し流れけり（小林一茶）

翠雨《すいう》

あざやかな草木の青葉に降る初夏の雨。みずみずしさと涼しさを感じさせる言葉。緑雨。
＊翠雨の降り注ぐ公園の木々の間を、傘もささずに上機嫌で歩いた。

五月雨《さみだれ》

旧暦の五月ごろに長く降り続く雨。梅雨。また、いつまでも終わらず断続的にだらだらと続くことのたとえ。夏の季語。
＊五月雨をあつめて早し最上川（松尾芭蕉）

甘雨《かんう》

ほどよく降って草木などの自然をうるおし、成長させる雨。慈雨。
＊一か月ぶりの雨はまさに甘雨で、農作物はかろうじて被害を免れた。

氷雨《ひさめ》

秋から冬に降る冷たい雨やみぞれ。もとは夏に降るひょうやあられを指した。冬・夏の季語。
＊枇杷《びわ》の花しくしく氷雨下りけり（臼田亞浪）

鬼洗《おにあら》い

年の暮れに降る雨。宮中で大晦日に行われた「鬼やらい」という悪鬼を払う行事と掛けた言葉。
＊節分の夜ふる雨や鬼あらひ（松永貞徳）

色のことば

いろいろな色

イロイロナイロ

色《いろ》を付《つ》ける

お金などのやり取りで、サービスする。おまけを付けたり、祝儀を多くしたりする。

＊逗留中お世話になったので、仲居さんへのチップに少し色をつけた。

色《いろ》好《よ》い

こちらに都合がよい。望み通りにいく様子だ。また、容姿が美しい。

＊地元企業に共同開発を持ちかけたが、色よい返事は得られなかった。

色《いろ》合《あ》い

色の具合、色調のこと。また、物事の様相や傾向、顔の色つやなどもいう。

＊後半の序盤、相手チームに二点を取られ、敗戦の色合いが濃くなった。

色《いろ》めき立《た》つ

人や物事が急に活気づく。また、緊張や興奮でざわつく。動揺し始める。

＊首相が辞意を漏らしたとの情報を得て、記者たちは色めき立った。

色《いろ》に出《で》る

色がつく。また、心の中で思っていることや感情が表情やそぶりに表れる。

＊隠しているつもりでも、恋しい人への感情は色に出てしまうものだ。

色《いろ》を作《な》す

さっと顔色を変えて、怒りの表情になる。急に怒り出す。

＊ワイドショーで失政を追及された市長は、色をなして反論した。

色《いろ》づく

次第に色がつく。果実が熟したり、葉が紅葉したり、景色が夕暮れに染まったりする様子をいう。
＊夕暮れの街角で、来ない相手を待ちながら、色づく風景を眺めていた。

色褪《いろあ》せる

時間がたって、色が薄くなり、古ぼける。また、印象が薄くなる。
＊名画の魅力は、どんなに時が経っても、決して色褪せることはない。

色のことば

赤

アカ

赤《あか》恥《はじ》をかく

多くの人の前でひどい恥をかく。大恥をかく。「赤」は明らかの意味。

＊プレゼンテーション中に商品名を度忘れしてしまい、赤恥をかいた。

薔薇《ばら》色《いろ》

バラの花びらのように鮮やかな紅色。また、明るい希望や幸福感にあふれているたとえ。

＊バブル以前に大企業に就職した私は、バラ色の未来を信じ込んでいた。

真《ま》っ赤《か》

混じりけなく、赤い様子。燃える火や、たぎる血のような色合い。また、紛れもない様子。

＊美術館が高額で買い取ったミレーの作品は、真っ赤なにせものだった。

赤烏帽子《あかえぼし》

普通の黒い烏帽子でなく、赤い烏帽子。「亭主の好きな赤烏帽子」は、一家の主の流儀に合わせなければならない苦労をいう。
＊夫の赤烏帽子に付き合うのは、そろそろ限界だ。

赤信号《あかしんごう》

交通機関で停止や危険を示す信号の色。また、憂慮するような事態が迫っていることのたとえ。
＊回収困難な不良債権が増え、銀行の経営に赤信号が点滅し始めた。

赤貧《せきひん》

これ以上ないほどの貧しさ。「赤貧洗うがごとし」は、洗い流したように何もない様子をいう。
＊若い思想家は、赤貧洗うがごとき状態で後世に残る名著を完成した。

赤心《せきしん》

うそのまったくない、ありのままの心のこと。真心。誠意。赤は「はだか」の意味。
＊長い手紙になったが、貴君のことを思い、赤心を吐露したつもりだ。

赤裸々《せきらら》

丸裸である意味の「赤裸」を強めていう言葉。比喩として、包み隠さない様子。偽りのない様子。
＊引退した俳優の自伝には、過去の恋愛が赤裸々につづられていた。

色のことば

青

アオ

青山《せいざん》

木の茂る山。また、骨を埋める土地。「人間到る処青山あり」は、どこでも活躍の場になるという意味。
＊都会での生活に限界を感じた男性は、異境に青山を求めて旅立った。

青《あお》い鳥《とり》

身近なのに気づかない幸福。どこかにあるはずだと追い求める幸福。メーテルリンクの童話から。
＊青い鳥を求めて転職をくり返したが、最初の職場が一番よかった。

青菜《あおな》に塩《しお》

塩をかけると青菜がしおれる様子から、人が急に元気をなくしてしょげる様子のたとえ。
＊酔いが覚めた青年は、自分の暴れ方を知り、青菜に塩のようになった。

青信号《あおしんごう》

前進を意味する青緑色の信号。また、物事を進めてもよいという合図。ゴーサイン。
＊テロに反対する姿勢を示さないと、犯罪者に青信号を与えてしまう。

青二才《あおにさい》

まだ若くて経験が浅く、物事に慣れていない人。まだ青い人。多く、男性をあざけって言う。
＊私などはまだほんの青二才だが、社会に意見を言わせてもらいたい。

青春《せいしゅん》

若くて活力と希望にあふれた時期を、人生の春にたとえたもの。五行説では春に青色を当てる。
＊青春の真っただ中は、えてして辛く苦しく、不安でいっぱいなものだ。

真《ま》っ青《さお》

混じりけなく、青い様子。また、血の気がなくなり、顔色が白っぽくなった様子。顔色が悪い様子。
＊発注した商品の桁数を間違えたことに気づいて、顔が真っ青になった。

青天白日《せいてんはくじつ》

青く晴れ渡った空と輝く太陽。転じて、心にやましさや後ろ暗いところがまったくないこと。
＊公金横領の疑いをかけられたが、疑惑が晴れて青天白日の身となった。

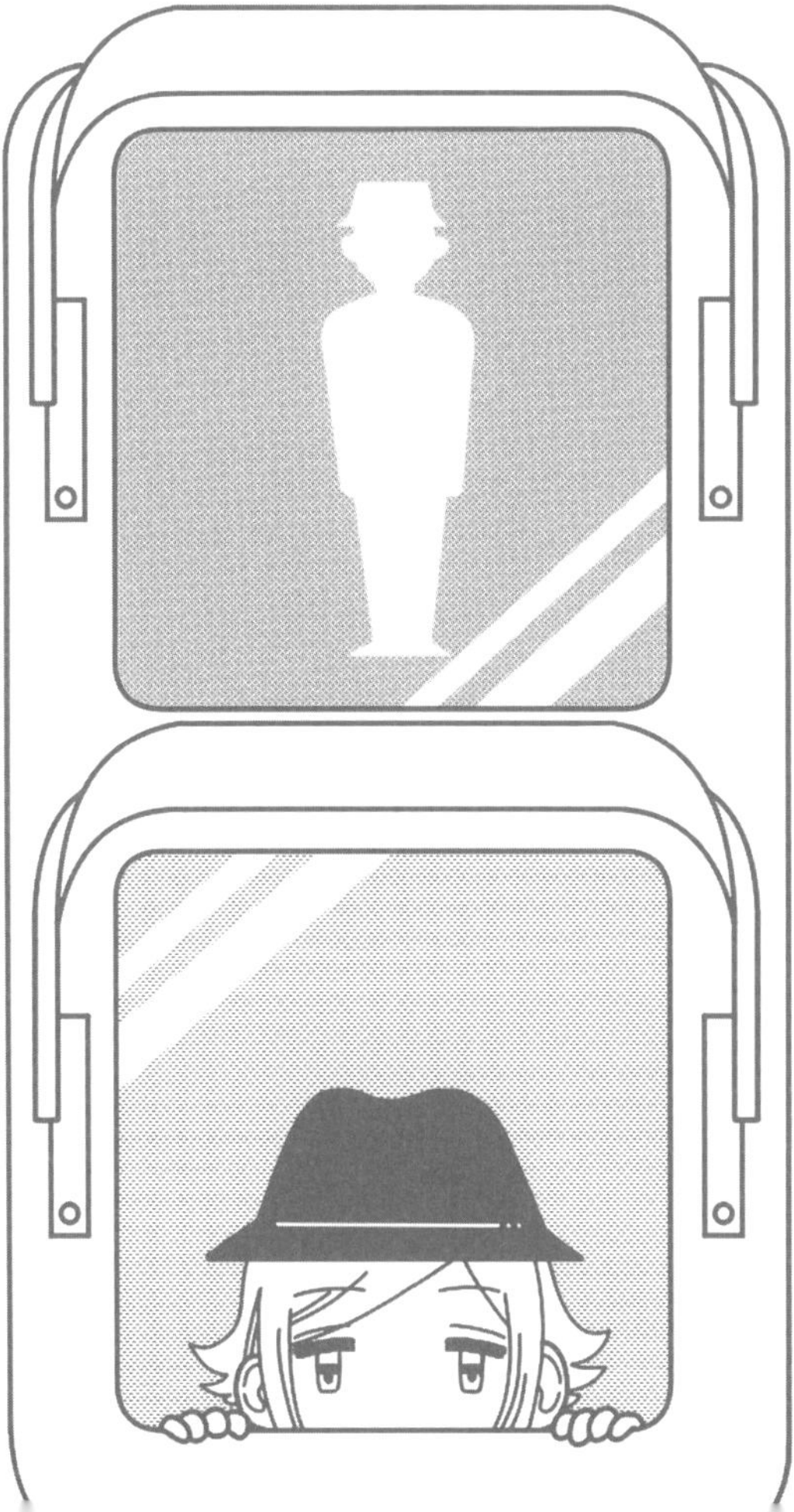

色のことば

白と黒

シロトクロ

白日《はくじつ》

輝く太陽。真昼。障害や制約が何もない状態。また、潔白であることのたとえ。

＊新聞報道で、大手企業の粉飾決算の実態が白日の下《もと》にさらされた。

白《しら》ける

白っぽくなる。また、いい気分に水を差されて、つまらなくなる。気まずい雰囲気になる。

＊飲み会で盛り上がっていたのに、上司の説教が始まり、白けてしまった。

白々《しらじら》しい

うそだ、本心でない、ということが見え透いている様子だ。興がさめる感じだ。また、白っぽい。

＊不祥事を起こした企業の明るい広告コピーが白々しく感じられる。

純白《じゅんぱく》

まったく混じり気がない白色。真っ白。また、汚れがなく、清らかなことのたとえ。

＊少年の面影を残した剣士には、どこか純白な気品が感じられた。

白糸《しらいと》

色染めをしていない白い生地のままの糸。古典では「行方も知らない」と「白糸」を掛ける。
＊ままならぬ恋は行方も白糸の、乱れ心をいや増すばかりという心境だ。

黒白《こくびゃく》を争《あらそ》う

どちらの主張が正しいか、はっきりさせようとする。是非を問う。
＊授業では二人の学生が政策についての意見を述べ、黒白を争った。

暗黒《あんこく》

まったく光がない、暗闇の状態。また、社会が乱れ、明るさがない状態。希望のない心理状態。
＊学生時代は就職難で、暗黒の日々だったという以外に思い出もない。

どす黒《ぐろ》い

色が黒く濁って、汚い様子だ。醜悪な物事の様子にもたとえる。
＊新作公演をことさら批判する劇評には、どす黒い悪意が感じられた。

音のことば

音

オト

煩音《はんおん》

精神的に煩わしく感じられる音。音量はそれほど大きくなくても、不快に感じる音。

＊アパートの上の階から毎晩聞こえる足音は、煩音というべきものだ。

喧騒《けんそう》

街のいろいろな物音などの騒々しさ。また、そうした物音がする様子。

＊田舎に引っ越した今、都会の喧騒が懐かしく感じられるから不思議だ。

雑音《ざつおん》

不必要で不愉快に感じられる音。いろいろなうるさい音。また、心ないうわさや無責任な意見。

＊有名になると、周囲の雑音が気になるだろうけど、無視すればいいよ。

快音《かいおん》

聞いていて気持ちがいい音。爽快感を与える音。特に、野球でヒットやホームランを打つ音。

＊甲子園の決勝戦、九回裏で快音が響き、劇的な逆転勝利が決まった。

騒音《そうおん》

好ましくなく、不快感を起こさせる音の総称。騒がしい音。また、その人にとって必要のない音。

＊爆音で響くロックは、周辺の住民にとっては騒音以外の何物でもない。

哀調《あいちょう》

音楽で、物悲しさがただよう音調。悲哀を帯びた音調。

＊哀調を帯びた弦楽器の音色に合わせ、北国の舞は夜更けまで続いた。

好音《こういん》

耳に心地よく感じる音色。美しい声。また、うれしい便りや知らせのこと。古風で硬い表現。

＊奏者のしなやかな腕の動きにつれて、胡弓は妙なる好音を響かせた。

潮音《ちょうおん》

海の波が寄せては返す音。潮声。また、仏の広い慈悲や導きを、大海の波音にたとえる仏語。

＊海の近くに宿を取って、ざわめく潮音を聞きながら日を過ごした。

数のことば

数

カズ〈1〉

一喜一憂《いっきいちゆう》

状況が変化するごとに喜んだり心配したりすること。喜びと心配が交互にくること。
＊毎日の体重の変化に一喜一憂せず、長い目で変化を見るべきだ。

一日三秋《いちじつさんしゅう》

一日がとても長く感じられること。待ち焦がれる気持ちを表した言葉。「一日千秋」の元の形。
＊任国に赴いた夫の帰りを待ち、妻は一日三秋の愁いに沈んだ。

一笑《いっしょう》に付《ふ》す

世間のうわさ、人の意見などを、取るに足らないものと笑って済ませる。
＊健康に関するネット情報について、医師は誤りだと一笑に付した。

一条《いちじょう》の光《ひかり》

暗闇に差す一筋の光。困難や絶望的な状況での、わずかな希望。
＊融資を申し出てくれた人がいて、会社の存続に一条の光が差した。

一抹《いちまつ》の不安《ふあん》

ほんの少しだけ残る、不安な気持ち。「一抹」は、筆で少しだけなすりつけた分量。
＊手術を受けて完治したはずの左手に痛みを感じ、一抹の不安を覚えた。

一心不乱《いっしんふらん》

一つのことに集中して、わき目もふらずにいる様子。他のことに気をとられないでいる様子。
＊受験生は好きなアーティストのライブにも行かず、一心不乱に勉強した。

四《し》の五《ご》の言《い》う

あれこれと不平不満を言う。面倒なことに文句を言い立てる。
＊引っ越しは明日なんだから、四の五の言わず荷造りを手伝いなさい。

二《に》の句《く》が継《つ》げない

驚いたりあきれたりして、言うべき言葉を失う。呆気にとられて次に言う言葉が出てこない。
＊約束を破りながらも開き直る相手に、二の句が継げなかった。

数のことば

数

カズ〈2〉

五臓六腑《ごぞうろっぷ》が煮《に》え返《かえ》る

怒りで全身が煮え返る。心の底から、激しい怒りがわき上がる。

＊若手から長老支配だと批判されて、党の顧問は五臓六腑が煮え返った。

七転八倒《しちてんばっとう》

激しい痛みや苦しみにより、転げ回ること。「しってんばっとう」「しちてんはっとう」とも読む。

＊盲腸になったときは、腹が裂けるような痛みに七転八倒したものだ。

七難八苦《しちなんはっく》

ありとあらゆる災厄と苦難。仏語で七つの災いと八つの苦しみのこと。

＊戦国時代の武将、山中鹿之介は「我に七難八苦を与えたまえ」と言ったという。

九腸寸断《きゅうちょうすんだん》す

悲しみで、はらわたがずたずたに断ち切られるほどだ。断腸の思いだ。硬い文章語。

＊敗色が濃いことを悟った将軍は、九腸寸断する思いで撤退を決断した。

COLUMN 7

季語に備わる絶大なパワー

気持ちのいい春の日に「今日はさわやかだなあ」と言った人がいます。すると、相手が「『さわやか』は秋の表現です。春には使えませんよ」と指摘した、という話があります。

少々細かすぎる指摘のような気もしますが、「さわやか」が、俳句では秋の季語になっているのは事実です。ただ、「さわやか」とは、空気がほどよく冷たくて、気持ちがいい様子を表すので、俳句でなければ、ほかの季節に使ってもかまいません。

季語は、平安時代の和歌にもそれらしきものがありますが、何と言っても俳句に特徴的な技法です。江戸時代に一般化し、増えていきました。

俳句に季語が必要とされた理由は、俳句には17文字しかないからです。短い文字で季節感を出すためには、特定のことばを季節のイメージに結びつけておくと効果的です。

一年中見かけるものが季語になることもあります。「ふとん」は夏でも使いますが、一番恋しいのは冬なので、冬の季語とされています。「朝寝」は春の季語、「昼寝」は夏の季語です。何となく雰囲気は分かりますね。

世の中の変化に合わせて、新しい季語が作られることもあります。たとえば、「キャンプ」「プール」「ビーチパラソル」は夏の季語です。

季語にとらわれて、自由な表現ができなくなっては困ります。でも、たった一言で季節感を表せる季語のパワーは絶大です。普通の文章に使っても、大いに効果を発揮します。

たとえ

堰《せき》を切《き》ったよう

それまでたまっていたものが、一時に激しくあふれ出す様子。「堰」は川の流れをせきとめるもの。
＊優勝旗を受け取った瞬間、キャプテンは堰を切ったように泣き出した。

砂《すな》を噛《か》むよう

物の味わいやおもしろみがなく、つまらないと感じる様子。砂をかんでも味がないことから。
＊難解で砂を噛むような内容の授業だったが、最後まで出席した。

石《いし》に齧《かじ》り付《つ》いても

目的を果たすためなら、どんな苦労でも耐えようと決意する様子。是が非でも。何がなんでも。
＊代々受け継がれた反物の店を、石にかじりついても守ろうと誓った。

平《ひら》蜘蛛《ぐも》のよう

はいつくばるように体をかがめる様子。平身低頭する様子。

＊ならず者どもにからまれた屋台の主人は、平ぐものようになって謝るしかなかった。

能面《のうめん》のよう

表情がなく、冷ややかで人間味を感じさせない様子。また、顔立ちが端正な様子もいう。

＊長い病のために衰えた妃の顔は、能面のように表情がなかった。

竹《たけ》を割《わ》ったよう

気性がまっすぐで、さっぱりとしている様子。竹が縦にまっすぐ割れることからきている。

＊新しい部長は竹を割ったような性格で、部の風通しが一気によくなった。

親《おや》の敵《かたき》のよう

相手を強く憎んだり嫌ったりする様子。また、程度がはなはだしい様子。

＊妻が親の敵のように嫌うピーマンも、なぜかカレーに入れると食べてもらえる。

泥《どろ》のように眠《ねむ》る

疲れ果てて、正体なく深く眠る。「泥《でい》」は、中国の想像上の虫に由来するという。

＊三日三晩、ほぼ徹夜で原稿を書き上げたあと、泥のように眠った。

たとえのことば

たとえ

タトエ〈2〉

紅葉《もみじ》のような手《て》

紅葉を思わせるような、幼児の小さくてかわいらしい手。

＊紅葉のような手で、拾った貝殻を宝物のように握りしめている。

湯水《ゆみず》のように使《つか》う

金銭を、惜しげもなくむやみやたらと使う。その金銭を、江戸時代には「水《みず》金《きん》」と言った。

＊地域振興と称して税金を湯水のように使った市長が、ついに落選した。

火《ひ》の消《き》えたよう

明るい火が消えた様子から、急に活気がなくなって、さびしくなる様子。

＊元気な孫たちが帰ると、老夫婦二人の家の中は火の消えたようになる。

綿《わた》のように疲《つか》れる

くたくたに疲れ切る。自分で立っていられないくらいに、ぐったりする状態のたとえ。

＊連日の残業で綿のように疲れ、ベッドにたどり着く前に寝てしまった。

取《と》って付《つ》けたよう

無理にあとから付け加えたように、言動がわざとらしく不自然な様子。

＊客が金持ちとわかると、店員は取ってつけたようなお世辞を言い始めた。

影《かげ》の形《かたち》に添《そ》うよう

影がいつも物に添うように、人や物につねにつき添って離れない様子。影と添う。

＊弟子は師とともに、影の形に添うようにして長い旅を続けた。

絵《え》に描《か》いたよう

現実とは思えないほど美しい景色や人などの様子。また、物事が典型的である様子。

＊車窓の外には、絵に描いたような田園風景がどこまでも広がっていた。

水《みず》を打《う》ったよう

話をしていた人たちが、急に静まり返る様子。打ち水をして砂ぼこりが立たなくなる様子から。

＊劇場が暗くなると、ざわついていた客席は水を打ったようになった。

ことばにならない《コトバニナラナイ》

言語《げんご》を絶《ぜっ》する

程度や状況が、言葉では言い表せないほど、普通ではない。「言語に絶する」ともいう。

＊やせた土地に入植し、開拓に従事した人々の苦労は言語を絶する。

言《い》うに言《い》われぬ

言葉で表現することが難しい。うまく言い表せない。また、言いたくても言えない。

＊夕日が沈む瞬間の真っ赤に染まった海は、言うに言われぬ美しさだ。

筆舌《ひつぜつ》に尽《つ》くし難《がた》い

文章や言葉では表せないほど、度合いが大きい。「筆」は書くこと、「舌」は話すことを指す。

＊筆舌に尽くし難い貧困の苦しみを原動力に、画家は作品を生み出した。

言葉《ことば》に尽《つ》くせない

言葉で思いを言い表すことができない。ちょうどいい言葉が思いつかない。

＊言葉に尽くせない感謝の気持ちを少しでも伝えたくて、母の日に大きな花束を贈った。

えも言《い》われぬ

なんとも言い表せないほど、素晴らしいこと。美しいものやいいものに対して使われる。

＊垣根越しに漂う梅の花のえも言われぬ芳香に、思わず足を止めた。

COLUMN 8

直喩と隠喩で表現は無限大

相手の知らないものをことばで説明するのは、とても難しいことです。たとえば、「ブークレ」という糸。見たことのない人には、どんな形か、ぴんと来ないかもしれません。

　私は、国語辞典で「ブークレ」を説明した時、次のようにたとえを使ったことがあります。〈主となる糸に、毛糸をゆるくよりあわせて、「6」の字がつながったようにした糸〉。つまり、より合わせた毛糸が、6の字のように輪を作っているのです。

「〜のよう」という形を用いるたとえを「直喩」と言います。直喩は、相手の知らないものを、相手がよく知っているものでたとえる方法です。ブークレを知らない人も、「6の字がつながったように」と言えば、何となく分かってくれるはずです。

　一方、「〜のよう」を使わないたとえもあります。泳げない人を「カナヅチ」と言いますが、これは「カナヅチのように重い」という意味です。でも、これでは長くなるので、単に「カナヅチ」と表現します。このようなたとえを「隠喩」と言います。

　隠喩に「〜のよう」を付け加えると、かえっておかしいことがあります。期待される若手を隠喩で「希望の星」と言いますが、これを「希望の星のような新入社員」と言うのは冗長です。

　直喩が相手の知らないものを説明するのに対し、隠喩はたとえの面白さをねらいます。目的によって、直喩と隠喩を使い分ければ、表現の可能性は無限に広がります。

品詞別さくいん

【名詞】

【四字熟語】

五十音順さくいん

監修　飯間浩明（いいまひろあき）

国語辞典編纂者。1967年、香川県生まれ。早稲田大学第一文学部卒。同大学院博士課程単位取得。『三省堂国語辞典』の編集委員を第6版より務める。国語辞典編纂のために、活字や放送、インターネット、街の中などから現代語の用例を採集している。著書に『知っておくと役立つ 街の変な日本語』（朝日新聞出版）、『日本語をつかまえろ！』（毎日新聞出版）、『つまずきやすい日本語』（NHK出版）ほか多数。

イラスト　252％、ツヅキエイミ

本書に関するお問い合わせは、書名・発行日・該当ページを明記の上、下記のいずれかの方法にてお送りください。電話でのお問い合わせはお受けしておりません。

- ナツメ社Webサイトの問い合わせフォーム（https://www.natsume.co.jp/contact）
- FAX（03-3291-1305）
- 郵送（下記、ナツメ出版企画株式会社宛て）

なお、回答までに日にちをいただく場合があります。正誤のお問い合わせ以外の書籍内容に関する解説・個別の相談は行っておりません。あらかじめご了承ください。

気《き》持《も》ちを表《あらわ》すことばの辞《じ》典《てん》

2021年7月5日　初版発行
2024年10月20日　第13刷発行

監修者　飯間浩明《いいまひろあき》　Iima Hiroaki,2021
発行者　田村正隆

発行所　株式会社ナツメ社
東京都千代田区神田神保町1-52 ナツメ社ビル1F（〒101-0051）
電話 03-3291-1257（代表）　FAX 03-3291-5761
振替 00130-1-58661

制　作　ナツメ出版企画株式会社
東京都千代田区神田神保町1-52 ナツメ社ビル3F（〒101-0051）
電話 03-3295-3921（代表）

印刷所　ラン印刷社

ISBN978-4-8163-7041-0　Printed in Japan
〈定価はカバーに表示してあります〉〈落丁・乱丁本はお取り替えいたします〉